Quel est le verdict ?

Tentez de résoudre 90 cas complexes et captivants

Ted LeValliant &
Marcel Theroux

Illustrations de Myron Miller

© 1991 Ted LeVailliant et Marcel Théroux pour l'édition originale
© 2010 Les Publications Modus Vivendi inc. pour l'édition française

L'édition originale de cet ouvrage est parue chez Sterling Publishing Co., Inc. sous le titre *What's the verdict? You're the Judge in 90 Tricky Courtroom Quizzes*

Illustrations de Myron Miller

Publié par les Éditions BRAVO!, une division de
LES PUBLICATIONS MODUS VIVENDI INC.
55, rue Jean-Talon Ouest, 2e étage
Montréal (Québec) H2R 2W8
Canada

Éditeur : Marc Alain
Traduction de l'anglais par : Ghislaine René de Cotret
Révision : Nicole Blanchette

www.editionsbravo.com

Dépôt légal – Bibliothèque et Archives nationales du Québec, 2010
Dépôt légal – Bibliothèque et Archives Canada, 2010

ISBN 978-2-92372-060-9

Tous droits réservés. Aucune section de cet ouvrage ne peut être reproduite, mémorisée dans un système central ou transmise de quelque manière que ce soit ou par quelque procédé électronique, mécanique, de photocopie, d'enregistrement ou autre sans la permission écrite de l'éditeur.

Nous reconnaissons l'aide financière du gouvernement du Canada par l'entremise du Programme d'aide au développement de l'industrie de l'édition (PADIÉ) pour nos activités d'édition.

Gouvernement du Québec – Programme de crédit d'impôt pour l'édition de livres – Gestion SODEC

Imprimé au Canada

TABLE DES MATIÈRES

Comment utiliser ce livre	4
Avant-propos	5
Questions de droit	7
Décisions du tribunal	99
Décisions de la cour d'appel	107
Règles du jeu	126
Index	128

COMMENT UTILISER CE LIVRE

Ce livre est un recueil d'énigmes juridiques conçues pour exercer votre esprit et vos facultés de raisonnement.

Lisez d'abord les faits tirés de causes juridiques réelles. Comparez ensuite votre décision à celle qu'a rendue le véritable juge ou jury. Selon vous, quel jugement aurait-il fallu prononcer ? Consultez la partie « Décision du tribunal » pour connaître le verdict.

Cependant, ce jugement était-il *valide* ? Chacune des causes proposées a été portée en appel, ainsi vous avez l'occasion de mesurer vos connaissances à celles du juge qui a présidé le procès. Le jugement original a-t-il été maintenu ou réformé ? Pourquoi ? Vous trouverez la réponse dans la partie « Décision de la cour d'appel ».

Si vous faites le compte des causes gagnées ou perdues, vous verrez apparaître une tendance. Seriez-vous un bon avocat ?

Remarque : Les réponses sont données à la fin de l'ouvrage dans le désordre afin d'éviter que vous ne voyiez — accidentellement, bien sûr — les résultats de la cause suivante.

Il est aussi possible d'utiliser ce livre comme un jeu. Les règles sont fournies à la page 126.

AVANT-PROPOS

Ce livre n'est pas un ouvrage de fiction. Il s'agit d'un recueil de causes juridiques réelles tirées de rapports publiés. Les causes proviennent principalement des États-Unis. Quelques-unes relèvent du Royaume-Uni et du Canada. La plupart datent de la seconde moitié du XIXe siècle, bien que certaines remontent à plus de cent ans.

Toutes les causes présentées ont été portées en appel à une cour supérieure. Cela indique qu'elles faisaient intervenir des points de droit complexes qui ont amené des juristes compétents à en faire des interprétations différentes. Bon nombre des jugements prononcés lors des appels n'ont pas été unanimes, ce qui confirme la complexité des points de droit.

En outre, les jugements des causes sont conformes aux lois en vigueur aux États-Unis ou dans les pays appliquant la «common law». Nous n'entendons pas par là qu'une cour qui entendrait une cause particulière aujourd'hui rendrait le même jugement qu'à l'époque. Cependant, l'examen de la cause suivrait un déroulement semblable et tiendrait compte des mêmes arguments en général. Cela dit, nous croyons que, pour la plus grande part, les causes présentées ici recevraient la même décision qu'à leur premier examen.

Par ailleurs, nous nous sommes assurés de maintenir une grande uniformité de philosophie et d'approche. Autrement dit, aucun des jugements n'est arbitraire. Aucune décision n'entre en contradiction avec les autres. Personne ne se sentira frustré à cause d'un manque d'uniformité dans l'ouvrage.

Nous avons également pris soin d'éviter les solutions pièges. Il n'y a aucun tour de passe-passe. Là où nous estimons qu'un principe de droit s'avère essentiel pour prendre une décision éclairée, nous le résumons à l'intention du lecteur.

Les faits sont d'une importance cruciale pour la résolution des litiges. Tous les faits à connaître sont énoncés dans la description de la cause. Ne cherchez pas à en ajouter ou à embellir ceux qui sont présentés. Par exemple, vous n'avez pas à déterminer si un témoin dit la vérité ou non. Vous pouvez tenir pour acquis que les faits et les affirmations fournis dans chaque cause sont vrais, à moins d'indication spécifique.

En tant que lecteur, votre tâche est double. D'abord, vous devez jouer le rôle du jury. Vous n'avez pas à décider des faits, mais vous devez plutôt appliquer la loi aux événements tels qu'ils vous sont présentés. Vous délibérez de véritables causes, comme le fait un jury. Ensuite, vous avez l'occasion d'évaluer la décision du tribunal. C'est à vous de décider si la décision est juste, justifiée ou même logique.

Il n'est pas nécessaire d'être un avocat pour apprécier ce livre ou pour trouver les « bonnes » réponses. En fait, les avocats peuvent être désavantagés. Le processus de raisonnement en droit ne diffère pas des autres types de raisonnement. L'application, le bon sens et l'imagination devraient vous guider vers la bonne solution dans la plupart des cas, peu importe votre niveau d'instruction ou votre formation préalable.

La loi est fascinante, surtout une fois réduite aux enjeux essentiels du bien et du mal, du bon sens et de l'absurdité. Par expérience, nous savons que les causes proposées dans ce livre vont vous stimuler, vous provoquer et vous amuser. Nous vous souhaitons beaucoup de plaisir.

QUESTIONS DE DROIT

En vertu de la loi, une voie de fait se définit comme toute force ou violence illégalement appliquée contre une autre personne ou provoquant chez cette personne une crainte raisonnable d'être victime de l'application de cette force ou violence.

1. La femme et le coureur de jupons

La jeune femme marchait seule sur la rue pour se rendre au travail. Le coureur de jupons s'est approché d'elle dans sa voiture et a roulé très lentement tout en la dévisageant. Il a arrêté sa voiture, en est sorti et a continué d'observer la jeune femme jusqu'à ce qu'elle soit hors de vue. La jeune femme a éprouvé une grande frayeur.

Le coureur de jupons est-il coupable de voies de fait ?

DÉCISION DU TRIBUNAL : PAGE 100
DÉCISION DE LA COUR D'APPEL : PAGE 108

2. Une figue est une figue

Paul a offert une figue à Jeanne. Il voulait la séduire. Afin de rendre Jeanne plus réceptive à ses avances, Paul avait injecté dans la figue une drogue (qu'il croyait être un aphrodisiaque). Jeanne a été très malade et, lorsqu'elle a découvert que Paul avait frelaté la figue, elle l'a accusé de voies de fait.

Paul est-il coupable de voies de fait ?

DÉCISION DU TRIBUNAL : PAGE 102
DÉCISION DE LA COUR D'APPEL : PAGE 110

3. Un feu de paille

Par une négligence de Jean, le feu a pris dans la cuisine d'un restaurant. Un employé a éteint les flammes à l'aide d'un extincteur qui a produit un sifflement. En entendant ce son, un client a crié qu'il y avait une fuite de gaz et que le restaurant allait exploser. Tous les clients se sont rués à l'extérieur et Henri a été blessé dans la ruée. Henri poursuit Jean pour les dommages subis.

    Henri gagne-t-il sa cause ?

DÉCISION DU TRIBUNAL : PAGE 104
DÉCISION DE LA COUR D'APPEL : PAGE 109

4. Un panier de crabes

Simon devait passer la nuit chez ses amis, les Bourgeois. En revenant de faire les courses, les Bourgeois ont trouvé Simon dans la cuisine. Il s'était tranché la gorge. Les Bourgeois ont subi un violent choc nerveux et ils ont poursuivi la succession de Simon pour des dommages moraux dus au choc et à l'angoisse.

Les Bourgeois gagnent-ils leur cause ?

DÉCISION DU TRIBUNAL : PAGE 101
DÉCISION DE LA COUR D'APPEL : PAGE 111

5. Beaucoup d'appelés, mais peu d'élus

Ronald a loué un canoë à Timothée, qui est parti en excursion. Le canoë a chaviré et Timothée, aujourd'hui décédé, a appelé à l'aide. Ronald a entendu les appels au secours de Timothée, mais les a ignorés. La succession de Timothée poursuit Ronald.

La succession de Timothée gagnera-t-elle sa cause ?

DÉCISION DU TRIBUNAL : PAGE 103
DÉCISION DE LA COUR D'APPEL : PAGE 112

En vertu de la loi, une communication privée interceptée ne peut pas servir de preuve contre l'émetteur de la communication, à moins que l'émetteur ou le destinataire de ladite communication ait consenti expressément à son utilisation.

6. Mon Dieu !

Victor est accusé d'incendie criminel. La police l'a laissé seul dans une pièce. Alors qu'il était surveillé et filmé, Victor s'est agenouillé en disant : « Mon Dieu, faites que je m'en sorte juste cette fois. »

Cette conversation constitue-t-elle une preuve admissible en cour ?

DÉCISION DU TRIBUNAL : PAGE 105
DÉCISION DE LA COUR D'APPEL : PAGE 114

7. Le poignard ou le scalpel ?

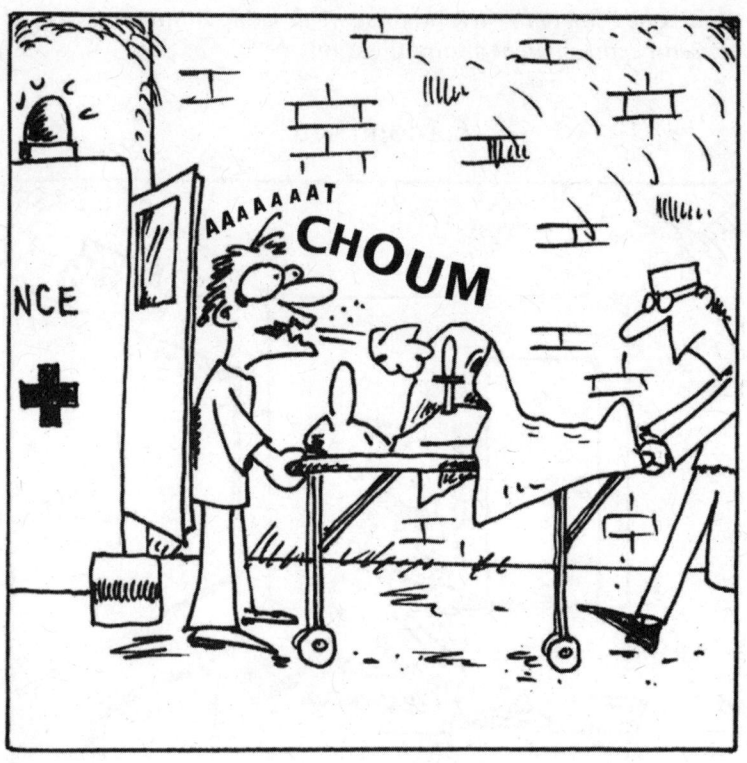

Louis a poignardé la victime. La victime est morte d'une pneumonie causée par une négligence médicale survenue durant le traitement de la plaie. Louis est accusé de meurtre.

Louis est-il coupable de meurtre ?

DÉCISION DU TRIBUNAL : PAGE 100
DÉCISION DE LA COUR D'APPEL : PAGE 113

8. Prendre les choses en main

Denis a tiré une balle dans l'abdomen de la victime (aujourd'hui décédée). La blessure aurait entraîné la mort en moins d'une heure, mais la victime s'est coupé la gorge avec son rasoir et ce type de blessure cause habituellement la mort en cinq minutes. Denis est accusé de meurtre.

Denis est-il coupable ?

DÉCISION DU TRIBUNAL : PAGE 102
DÉCISION DE LA COUR D'APPEL : PAGE 115

9. Correspondance

En réponse à une accusation de meurtre, la défense plaide l'aliénation mentale. La défense veut soumettre comme preuves des lettres écrites par l'accusé alors qu'il était interné à l'hôpital national de psychiatrie. Ces lettres sont adressées au pape Pie XII, aux services secrets américains, au FBI et à Walter Winchell (un célèbre journaliste américain aujourd'hui décédé).

Ces lettres constituent-elles des preuves admissibles en cour ?

DÉCISION DU TRIBUNAL : PAGE 104
DÉCISION DE LA COUR D'APPEL : PAGE 116

10. L'autre femme

Lucie a demandé le divorce, et son mari, Marcel, a aussi demandé le divorce dans la même procédure. Marcel refuse toutefois de répondre aux questions relatives à ses relations avec « l'autre femme ». Il estime qu'il n'a pas à témoigner de ses méfaits, car cela irait à l'encontre de son privilège contre l'auto-incrimination.

Marcel doit-il témoigner de ses relations avec « l'autre femme » s'il veut poursuivre la procédure de divorce ?

DÉCISION DU TRIBUNAL : PAGE 101
DÉCISION DE LA COUR D'APPEL : PAGE 118

11. La vérité toute nue ?

Les policiers ont placé Émile dans une rangée de suspects. Ils ont aussi saisi des preuves physiques, ont pris ses empreintes digitales et l'ont photographié alors qu'il était en détention préventive. Ils ont en outre insisté pour qu'Émile retire ses vêtements à des fins d'identification.

Les policiers ont-ils violé de quelque façon le privilège contre l'auto-incrimination d'Émile ?

DÉCISION DU TRIBUNAL : PAGE 103
DÉCISION DE LA COUR D'APPEL : PAGE 117

12. Cruauté mentale

Nathalie demande le divorce. Peut-elle avancer comme preuve que l'ex-femme de son mari a divorcé d'avec lui pour cause de cruauté mentale ?

DÉCISION DU TRIBUNAL : PAGE 105
DÉCISION DE LA COUR D'APPEL : PAGE 119

13. La victime belliqueuse

La défense émet un plaidoyer de légitime défense. L'accusé, Denis, veut démontrer que la victime, décédée, avait des antécédents de violence. Denis avance que cette preuve montrerait que, selon toute probabilité, la victime l'a agressé la première.

Cet élément de preuve est-il admissible ?

DÉCISION DU TRIBUNAL : PAGE 100
DÉCISION DE LA COUR D'APPEL : PAGE 120

14. Le plancher glissant

Marie est tombée sur un plancher de granito rendu glissant par la pluie. La défense a l'intention de démontrer qu'en quinze ans, le magasin n'a reçu aucune plainte de cette sorte bien que de 4000 à 5000 personnes y viennent chaque jour.

La défense peut-elle utiliser cette preuve ?

DÉCISION DU TRIBUNAL : PAGE 102
DÉCISION DE LA COUR D'APPEL : PAGE 122

15. Des photos scandaleuses

Lors d'un procès, la poursuite présente des photos de la victime comme éléments de preuve. La défense s'y oppose parce que les photos sont choquantes et pourraient influencer le jury.

Les photos constituent-elles des preuves admissibles ?

DÉCISION DU TRIBUNAL : PAGE 104
DÉCISION DE LA COUR D'APPEL : PAGE 124

16. Coup de poignard et double chute

Monique a poignardé la victime, qui a été transportée à l'hôpital. La personne qui transportait la victime a échappé cette dernière deux fois. L'hôpital n'était pas en mesure de faire une transfusion de sang. Si la victime avait pu recevoir du sang, elle aurait eu 75 % de chances de survivre. Monique est accusée de meurtre.

    Monique est-elle coupable ?

DÉCISION DU TRIBUNAL : PAGE 101
DÉCISION DE LA COUR D'APPEL : PAGE 121

17. Tentative de séduction ?

On a amené le jury à l'extérieur du tribunal pour lui permettre de voir les lieux de l'accident. Par la suite, l'une des personnes impliquées dans le procès a invité les jurés à prendre un verre au bar du coin. La partie adverse a découvert le tout et a exigé l'annulation du procès pour vice de procédure.

Le juge a-t-il annulé le procès ?

DÉCISION DU TRIBUNAL : PAGE 103
DÉCISION DE LA COUR D'APPEL : PAGE 123

18. Hasard heureux en troisième place

Les policiers ont fait une rafle chez un preneur de paris. Pendant la rafle, un policier a répondu au téléphone. L'interlocuteur a dit : « Mettez 100 $ sur Hasard heureux en troisième place. » Au procès, la poursuite tente de faire admettre cet appel comme élément de preuve. La défense s'y oppose et prétend qu'il s'agit de ouï-dire.

L'élément de preuve est-il admissible ?

DÉCISION DU TRIBUNAL : PAGE 105
DÉCISION DE LA COUR D'APPEL : PAGE 125

19. De mauvaises références

Les employeurs sont en général tenus responsables de la négligence de leurs employés. Josée, une employée, poursuit son employeur, Olivier, pour des blessures causées par la négligence de Fernand, un autre employé d'Olivier. Josée suggère d'appeler des témoins qui attesteront que le contremaître d'Olivier s'est déjà plaint de l'incompétence de Fernand avant que l'accident survienne. Olivier prétend qu'il s'agit de ouï-dire.

L'élément de preuve est-il admissible ?

DÉCISION DU TRIBUNAL : PAGE 100
DÉCISION DE LA COUR D'APPEL : PAGE 108

20. Une voleuse à la tire bredouille

Caroline a glissé sa main dans la poche de la victime. Cette dernière lui a saisi le poignet alors que sa main était toujours dans la poche. Caroline est accusée de tentative de vol. Il n'y avait pas d'argent dans la poche.

Caroline est-elle coupable ?

DÉCISION DU TRIBUNAL : PAGE 102
DÉCISION DE LA COUR D'APPEL : PAGE 110

21. Fuite facile

Une accusation de meurtre est portée. La poursuite veut démontrer qu'à un moment donné après le meurtre, la police a arrêté Pauline pour conduite dangereuse. Pauline a tenté de soudoyer le policier et a réussi à fuir. La défense affirme que ces éléments de preuve n'ont rien à voir avec l'accusation de meurtre.

Les éléments de preuve sont-ils admissibles ?

DÉCISION DU TRIBUNAL : PAGE 104
DÉCISION DE LA COUR D'APPEL : PAGE 109

22. L'employeur en colère

Un quotidien est poursuivi pour diffamation; et la victime veut prouver que le journal a congédié le journaliste qui a rédigé l'article diffamatoire peu après sa parution. L'avocat du journal allègue que l'élément de preuve est inadmissible du fait qu'il est non pertinent.

L'élément de preuve du congédiement est-il admissible?

DÉCISION DU TRIBUNAL : PAGE 101
DÉCISION DE LA COUR D'APPEL : PAGE 111

23. C'est son mari qui l'a fait

Lors d'un procès pour meurtre, un témoin de la poursuite viendra attester que la victime (l'épouse du médecin accusé) a dit à une infirmière que son mari l'avait empoisonnée.

Ce témoignage est-il admissible ?

DÉCISION DU TRIBUNAL : PAGE 103
DÉCISION DE LA COUR D'APPEL : PAGE 112

24. Arrêtez l'autobus

Lors du procès suivant une collision entre un autobus et un autre véhicule, l'avocat de la victime appelle comme témoin un passager de l'autobus. Le témoin affirme que le conducteur de l'autobus s'est écrié, juste avant la collision : « Je n'ai plus de freins. » La défense prétend que le témoignage est inadmissible puisqu'il s'agit de ouï-dire.

Le témoignage est-il admissible ?

DÉCISION DU TRIBUNAL : PAGE 105
DÉCISION DE LA COUR D'APPEL : PAGE 114

25. Possession d'arme à feu

Danielle est accusée de possession illégale d'une arme à feu en vertu de deux lois distinctes. Les sentences varient selon les lois, mais les faits nécessaires pour prouver l'infraction sont les mêmes.

Danielle peut-elle être accusée, puis trouvée coupable des deux infractions ?

DÉCISION DU TRIBUNAL : PAGE 100
DÉCISION DE LA COUR D'APPEL : PAGE 113

26. Vol à main armée

Léon est accusé de vol à main armée et d'utilisation d'une arme à feu pour commettre un délit. Les deux accusations concernent le même cambriolage.

Léon peut-il être jugé et condamné pour ces deux crimes ?

DÉCISION DU TRIBUNAL : PAGE 102
DÉCISION DE LA COUR D'APPEL : PAGE 115

27. Délai raisonnable

Tout accusé a le droit de subir un procès dans un délai raisonnable. Roxanne a été libérée parce que la poursuite a mis trop de temps à porter la cause devant les tribunaux.

Roxanne peut-elle être jugée de nouveau pour le même délit ?

DÉCISION DU TRIBUNAL : PAGE 104
DÉCISION DE LA COUR D'APPEL : PAGE 116

28. Une mise à niveau coûteuse

Charles a loué une parcelle de terrain à Mario et a autorisé ce dernier à en retirer du sable et du gravier, à condition de laisser le terrain bien nivelé. Mario a laissé le terrain avec un relief accidenté. Charles doit dépenser 100 000 $ pour faire niveler le terrain. Toutefois, le terrain ne vaut que 25 000 $ lorsqu'il est adéquatement nivelé.

Charles peut-il réclamer 100 000 $ à Mario afin de faire niveler son terrain ?

DÉCISION DU TRIBUNAL : PAGE 101
DÉCISION DE LA COUR D'APPEL : PAGE 118

29. Mauvaise communication

Un incendie s'est déclaré dans la grange d'Alain. Alain a appelé la police et a demandé qu'on lui envoie un camion d'incendie. L'agent a communiqué avec le mauvais poste d'incendie, soit un poste situé à l'extérieur du territoire où se trouvait la grange d'Alain. Le poste d'incendie a envoyé un camion d'incendie chez Alain, tout le monde croyant à tort que la grange se trouvait sur son territoire. L'intervention des pompiers sur un territoire autre que celui du poste d'incendie entraîne des frais. Alain a donc reçu une facture pour ce service.

Alain doit-il payer la facture malgré l'erreur due à une conception erronée du territoire couvert par le poste d'incendie ?

DÉCISION DU TRIBUNAL : PAGE 103
DÉCISION DE LA COUR D'APPEL : PAGE 117

30. Vol ou fraude ?

Élizabeth a interverti les étiquettes de prix de deux vêtements. À la caisse, elle a payé le prix indiqué sur l'étiquette. Plus tard, Élizabeth a été arrêtée et accusée de vol. La défense affirme qu'il ne s'agit pas d'un vol, mais plutôt d'une fraude, car Élizabeth a bien conclu un contrat avec le vendeur en payant le prix du vêtement, mais par des moyens frauduleux.

Élizabeth est-elle coupable de vol ?

DÉCISION DU TRIBUNAL : PAGE 105
DÉCISION DE LA COUR D'APPEL : PAGE 119

31. Épilation douteuse

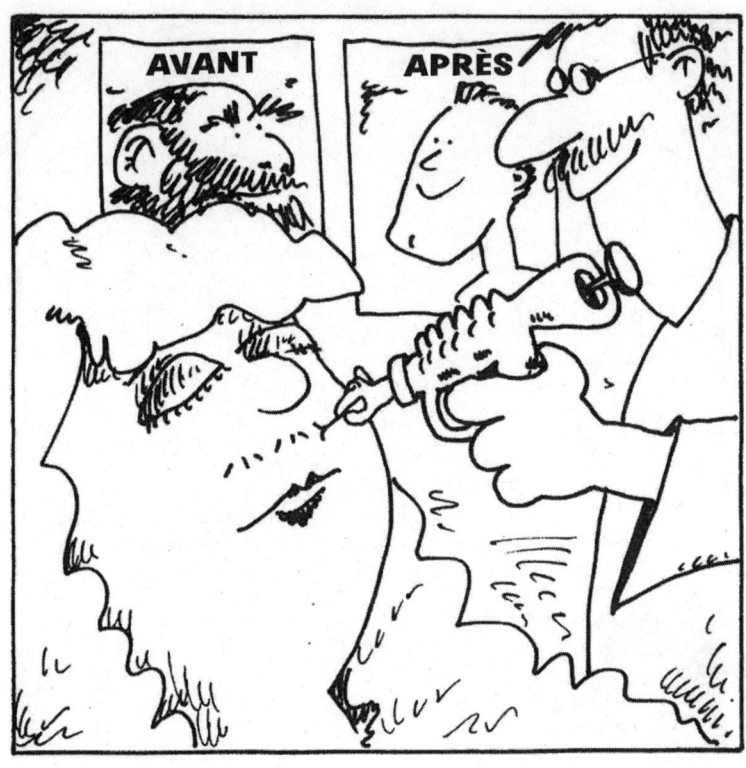

Une clinique d'épilation propose une épilation faciale permanente. Elle garantit les résultats dans sa publicité. Voyant cette publicité, Sarah s'est présentée à la clinique pour subir le traitement et a payé. Cependant, Sarah s'est aperçue que l'épilation n'était pas permanente. Elle poursuit la clinique pour inexécution de contrat.

Sarah gagnera-t-elle sa cause ?

DÉCISION DU TRIBUNAL : PAGE 100
DÉCISION DE LA COUR D'APPEL : PAGE 120

32. L'avocat épuisé

L'avocat qui représentait Rose était tout à fait épuisé et a dormi pendant presque tout le procès. Rose a été trouvée coupable, mais a décidé de faire appel. Elle ne peut cependant pas décrire avec précision le préjudice subi en raison des sommes de son avocat au cours de son procès.

L'appel de Rose est-il admissible ?

DÉCISION DU TRIBUNAL : PAGE 102
DÉCISION DE LA COUR D'APPEL : PAGE 122

En vertu de la loi, la négligence envers un enfant se définit comme le fait de laisser, avec négligence criminelle, un enfant sans surveillance ou dans un endroit quelconque pendant une période de temps pouvant menacer la santé ou le bien-être dudit enfant. L'expression « négligence criminelle » signifie qu'une personne faillit à reconnaître le risque à la fois majeur et inacceptable qu'un accident survienne ou que les circonstances s'y prêtent.

33. Négligence envers un enfant ?

Isabelle avait deux enfants, l'un âgé de 8 mois et l'autre, de 22 mois. Elle a laissé ses enfants seuls pour se rendre à une fête dans un bar du coin. Les enfants sont morts dans un incendie survenu en son absence. La cause de l'incendie est toujours inconnue. Isabelle est accusée de négligence envers ses enfants.

Isabelle est-elle coupable ?

DÉCISION DU TRIBUNAL : PAGE 104
DÉCISION DE LA COUR D'APPEL : PAGE 124

34. Mesures injustifiées ?

Les policiers ont obtenu un mandat de perquisition en invoquant que Marcus a de l'héroïne en sa possession. Il y a une barrière de sécurité en fer à l'entrée de la résidence de Marcus, et ce dernier doit l'actionner s'il veut donner accès aux visiteurs. Les policiers craignaient que Marcus n'ouvre pas la barrière et détruise les pièces à conviction s'il connaissait l'existence du mandat de perquisition. Par conséquent, ils ont présenté à Marcus un faux mandat d'arrestation relatif à des infractions routières fictives. Marcus a laissé entrer les policiers afin de rétablir les faits. Ces derniers ont alors exécuté le véritable mandat de perquisition et ont bel et bien trouvé de l'héroïne. Marcus est accusé de possession illégale d'héroïne. Il prétend que la perquisition était illégale.

Marcus sera-t-il déclaré coupable ?

DÉCISION DU TRIBUNAL : PAGE 101
DÉCISION DE LA COUR D'APPEL : PAGE 121

35. Le pacte de suicide

Albert et Bernard étaient deux jeunes malheureux. Ils ont fait un pacte de suicide. Albert a foncé avec sa voiture au-delà de la falaise, avec Bernard dans le siège du passager. Bernard est mort. Albert s'en est sorti. Albert est accusé de meurtre.

Albert est-il coupable de meurtre ?

DÉCISION DU TRIBUNAL : PAGE 103
DÉCISION DE LA COUR D'APPEL : PAGE 123

La loi relative à une maraude ambulancière stipule qu'il est illégal pour un avocat de solliciter une personne blessée lors d'un accident dans le but d'entamer des procédures judiciaires à son intention.

36. Maraude ambulancière

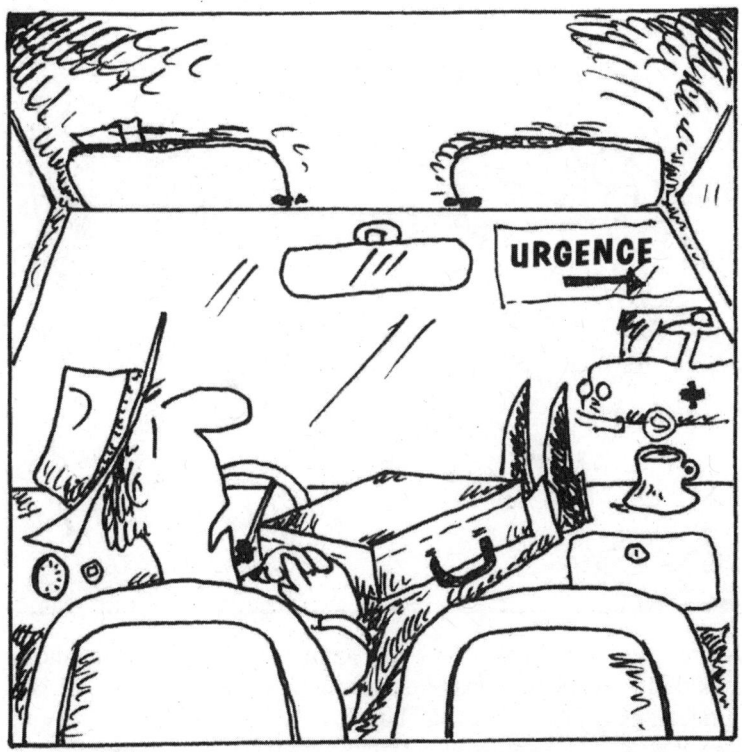

Fernand a entendu dire que monsieur Jobin a été blessé lors d'un accident. Croyant pouvoir prouver qu'il s'agissait d'un cas de négligence, il lui a proposé d'entamer une poursuite. Fernand est accusé d'enfreindre la loi relative à une maraude ambulancière. Cependant, il allègue que cette loi n'est pas valide, car elle est trop générale et brime sa liberté d'expression.

Fernand est-il coupable ?

DÉCISION DU TRIBUNAL : PAGE 105
DÉCISION DE LA COUR D'APPEL : PAGE 125

37. Mise en garde : Produit inflammable !

Laurent, un ingénieur, a décidé de recouvrir le plancher de sa salle de jeux d'un scellant. Il n'a pas éteint la veilleuse de sa fournaise au gaz, située dans la pièce adjacente. Une explosion s'est produite lorsque les vapeurs du scellant sont entrées en contact avec la flamme de la veilleuse. Laurent a subi de graves blessures. Il poursuit le fabricant du scellant, car l'étiquette du produit stipule seulement : « Tenir éloigné du feu, de la chaleur et des flammes nues » et « Mise en garde : Produit inflammable ! Tenir éloigné des flammes nues ! »

Laurent gagnera-t-il sa cause ?

DÉCISION DU TRIBUNAL : PAGE 100
DÉCISION DE LA COUR D'APPEL : PAGE 108

38. Voici un Lagent, monsieur l'agent

Charles a acheté une toile de l'artiste Lagent dans une galerie d'art réputée. Cinq ans plus tard, il découvre que la toile n'est pas vraiment une œuvre de Lagent.

Charles peut-il se faire rembourser ?

DÉCISION DU TRIBUNAL : PAGE 102
DÉCISION DE LA COUR D'APPEL : PAGE 110

39. En devoir ou non ?

Un policier en congé travaillait comme garde de sécurité lors d'un concert rock. Il portait un uniforme et avait l'assentiment de ses supérieurs, mais recevait son salaire des promoteurs du concert. Roger a attaqué le policier et est accusé de voies de fait. Roger prétend qu'il n'a pas attaqué un policier actif, mais un garde de sécurité privé.

Roger est-il coupable ?

DÉCISION DU TRIBUNAL : PAGE 104
DÉCISION DE LA COUR D'APPEL : PAGE 109

40. Un sac scellé

Un informateur du gouvernement a contacté Jean et lui a fait savoir qu'il avait de la cocaïne à vendre. Jean a répondu qu'il avait 22 000 $ et a fixé un rendez-vous pour le lendemain. Un policier en civil était présent lors de leur rencontre. Le policier a emmené Jean à un hôtel tout près. Une fois dans la chambre, Jean a demandé à voir la cocaïne. Le policier est sorti de la chambre, puis est revenu avec la drogue dans un sac scellé. Il a refusé d'ouvrir le sac, mais Jean refusait de payer s'il ne pouvait pas ouvrir le sac. Ils ont discuté quelques minutes, puis Jean a quitté les lieux. Peu après, il a été arrêté et accusé de tentative de se procurer de la drogue avec intention de revente.

Jean est-il coupable ?

DÉCISION DU TRIBUNAL : PAGE 101
DÉCISION DE LA COUR D'APPEL : PAGE 111

41. Permis d'alcool

Wilfrid est barman dans une taverne. Il a enfreint la loi en servant de l'alcool à un mineur. Wilfrid a décidé de plaider coupable après un long processus de négociation de plaidoyers. En échange, l'État a consenti à ne pas entreprendre d'action devant toute cour ou toute agence relativement à cette cause. Une fois que Wilfrid a été déclaré coupable, son employeur, le propriétaire de la taverne, a reçu une convocation à comparaître devant le comité de la régie des alcools locale pour examiner la révocation possible de son permis d'alcool. Le propriétaire prétend que l'État ne peut pas révoquer son permis d'alcool en raison de l'entente conclue avec Wilfrid.

Le permis d'alcool du propriétaire peut-il être révoqué ?

DÉCISION DU TRIBUNAL : PAGE 103
DÉCISION DE LA COUR D'APPEL : PAGE 112

42. Le voleur volé ?

Alfred est accusé de vol. Un témoin qui l'a pourchassé affirme que le voleur portait un t-shirt blanc avec un emblème dans le dos, un jean et des tennis. Le témoin dit aussi que le voleur a traversé une surface de gravier rouge. Lors de son arrestation, les policiers ont mis les vêtements d'Alfred dans un sac d'effets personnels. Lors du procès, Alfred a demandé que l'on produise ses vêtements afin de prouver qu'il n'est pas le voleur. Toutefois, les tennis et le jean de l'accusé n'étaient plus dans le sac. Alfred a demandé que l'accusation contre lui soit retirée puisque la poursuite a perdu d'importantes pièces à conviction.

Y a-t-il lieu de retirer l'accusation ?

DÉCISION DU TRIBUNAL : PAGE 105
DÉCISION DE LA COUR D'APPEL : PAGE 114

En vertu d'une loi, certaines conversations entre un travailleur social et son client sont d'ordre privé et ne peuvent par conséquent pas être divulguées. Le privilège s'applique à tous les renseignements donnés au travailleur social dans son rôle professionnel afin de l'aider à dispenser des services spécialisés à son client.

43. Pour un meurtre, appuyez sur M

François est accusé de meurtre. À 5 h, il a téléphoné au travailleur social en psychiatrie qu'il a déjà consulté à plusieurs occasions. François a dit qu'il avait tué quelqu'un et qu'il comprenait qu'il fallait aviser la police. François a ensuite donné son adresse.

Cette conversation téléphonique est-elle privée au sens de la loi?

DÉCISION DU TRIBUNAL : PAGE 100
DÉCISION DE LA COUR D'APPEL : PAGE 113

44. Un voleur à rabais?

Sébastien a volé quatre complets. Il est accusé d'avoir volé pour plus de 200 $. La seule preuve de la valeur des objets volés provient du garde de sécurité qui a arrêté l'accusé. Ce dernier affirme qu'il s'est basé sur les prix indiqués sur les étiquettes des complets, dont le total est de 300 $.

Sébastien est-il coupable d'avoir volé pour plus de 200 $?

DÉCISION DU TRIBUNAL : PAGE 102
DÉCISION DE LA COUR D'APPEL : PAGE 115

45. Feu roulant

Linda a été touchée de trois balles de fusil. Un témoin a entendu les coups de feu et est arrivée près de Linda quelques secondes après. Il lui a demandé qui avait tiré et elle a répondu que c'était Carole. Carole a été arrêtée et est accusée de meurtre.

Le témoin peut-il témoigner en cour de ce que Linda lui a dit?

DÉCISION DU TRIBUNAL : PAGE 104
DÉCISION DE LA COUR D'APPEL : PAGE 116

Un accusé a le droit d'être présumé innocent tant qu'il n'a pas été déclaré coupable par un juge.

46. Présomption d'innocence

La poursuite fait le commentaire suivant au jury : « Chers membres du jury, vous suivrez ce procès dans le respect du principe de la présomption d'innocence de l'accusé, et ce, jusqu'à la fin. Mais une fois que vous serez dans la chambre des jurés, ce principe ne tiendra plus. Vous n'aurez plus à tenir compte de ce manteau qui protège l'accusé. »

Cet énoncé peut-il justifier l'annulation du procès ?

DÉCISION DU TRIBUNAL : PAGE 101
DÉCISION DE LA COUR D'APPEL : PAGE 118

47. Double dose de cyanure

Jules est orfèvre. Il utilise du cyanure de potassium dans son travail. Sa femme étant décédée d'un empoisonnement au cyanure de potassium, Jules est accusé de meurtre. Lors du procès, la poursuite entend démontrer que la femme précédente de Jules est également décédée d'un empoisonnement au cyanure de potassium, trois ans plus tôt. Jules s'y oppose, prétendant que cet élément de preuve ferait naître chez les jurés un préjugé défavorable envers lui. Il n'existe aucune preuve concrète que Jules a empoisonné l'une ou l'autre de ses femmes.

L'empoisonnement de l'ex-femme constitue-t-il une preuve admissible?

DÉCISION DU TRIBUNAL : PAGE 103
DÉCISION DE LA COUR D'APPEL : PAGE 117

Avant de pouvoir présenter une confession en cour à titre de preuve, la poursuite doit démontrer qu'elle a été faite librement et volontairement, et non par crainte de menace ou de violence.

48. La fin justifie-t-elle les moyens ?

Jacob a kidnappé une jeune fille. On l'a arrêté alors qu'il tentait de récupérer la rançon. Il prétendait que son complice tenait une arme pointée sur la jeune fille. Les policiers voulaient trouver la jeune fille au plus vite. Ils ont étouffé Jacob, lui ont tordu un bras et l'ont frappé jusqu'à ce qu'il dévoile où se trouvait la cachette. Après avoir donné l'adresse, Jacob a fait des aveux complets. La poursuite veut faire admettre la confession de Jacob comme preuve, mais la défense prétend que la confession n'a pas été faite librement compte tenu de la violence employée par la police.

La confession de Jacob est-elle admissible ?

DÉCISION DU TRIBUNAL : PAGE 105
DÉCISION DE LA COUR D'APPEL : PAGE 119

49. Une mémoire sélective

Un homme muni d'une petite hache est entré par effraction dans la salle à manger d'un couple de personnes âgées. L'homme a frappé, bâillonné et attaché les deux personnes avant de commettre un vol. Le soir même, on a montré six photographies aux deux personnes âgées, individuellement, et les deux ont identifié Martin comme leur agresseur. Lors du procès, en revanche, ni le mari ni la femme ne purent reconnaître Martin en personne. La poursuite fonde sa preuve sur le fait que les victimes n'ont identifié Martin que sur les photographies.

Cette preuve est-elle suffisante pour déclarer Martin coupable du crime ?

DÉCISION DU TRIBUNAL : PAGE 100
DÉCISION DE LA COUR D'APPEL : PAGE 120

50. En toute confiance

Un cabinet de comptables a préparé les états financiers d'un client en vue d'une demande de prêt bancaire. Les comptables ont fait des erreurs dans les états financiers. La banque, même si elle ne connaissait pas ce cabinet de comptables, s'est fiée aux états financiers. Le client a par la suite fait faillite. La banque poursuit le cabinet de comptables.

La banque pourra-t-elle gagner ?

DÉCISION DU TRIBUNAL : PAGE 102
DÉCISION DE LA COUR D'APPEL : PAGE 122

En vertu de la loi, une personne commet un vol du premier degré si elle essaie de tuer sa victime, si elle lui inflige ou a l'intention de lui infliger des blessures, ou encore si elle est armée ou menace d'utiliser une arme.

51. Trompe-l'œil

Jean-Pierre a volé une femme dans une aire de stationnement. Il avait enfoui une main dans une poche et prétendait tenir un revolver. La femme a cru que son agresseur était armé, ce qui n'était pas le cas. Jean-Pierre est accusé de vol au premier degré.

Jean-Pierre est-il coupable de vol au premier degré ?

DÉCISION DU TRIBUNAL : PAGE 104
DÉCISION DE LA COUR D'APPEL : PAGE 124

52. Voies de fait au marché du coin

Alice a fait des courses au marché du coin de la chaîne Allard. Elle s'est fait attaquer dans le stationnement bien éclairé et a subi des blessures. L'année précédant l'agression d'Alice, il y avait eu sept agressions dans le stationnement du même marché. La chaîne avait par la suite embauché un garde de sécurité, mais ce dernier se trouvait à l'intérieur du marché lorsqu'Alice s'est fait agresser. Alice poursuivit la chaîne Allard pour défaut de mise en garde et manque de sécurité sur les lieux.

Alice gagnera-t-elle sa cause ?

DÉCISION DU TRIBUNAL : PAGE 101
DÉCISION DE LA COUR D'APPEL : PAGE 121

53. La police de la police

L'agent de police Alphonse devait porter son arme à feu en tout temps à l'intérieur des limites de la ville. Un soir, il est rentré chez lui, a tiré sur sa femme et s'est suicidé. Sa femme a subi des dommages au cerveau et poursuit le service de police pour négligence. Elle prétend que le service de police n'a pas mis sur pied un programme efficace d'évaluation psychologique de ses policiers. Le service de police avait cependant dans le passé fait l'essai de plusieurs programmes d'évaluation en vue de détecter les personnes instables, mais ils se sont tous révélés inefficaces et ont par conséquent été abandonnés.

Le service de police est-il coupable de négligence ?

DÉCISION DU TRIBUNAL : PAGE 103
DÉCISION DE LA COUR D'APPEL : PAGE 123

54. Un travail à finir

Boris et Charles ont été arrêtés derrière un magasin de boissons alcoolisées très tôt le matin. Ils avaient défoncé à moitié le mur arrière du magasin. Ils sont accusés d'introduction par effraction avec intention de voler.

Sont-ils coupables ?

DÉCISION DU TRIBUNAL : PAGE 105
DÉCISION DE LA COUR D'APPEL : PAGE 125

55. L'enlèvement de la fille de Jasmine

Michel a comploté avec une complice, Jasmine, en vue de reprendre la fille de Jasmine d'une agence de protection de l'enfance. Jasmine s'est servie d'une arme à feu pour enlever sa fille. Michel est accusé de conspiration pour enlèvement d'enfant. La loi stipule qu'un parent ne peut pas être déclaré coupable d'avoir enlevé son enfant. Michel n'est pas un parent de l'enfant.

Michel est-il coupable ?

DÉCISION DU TRIBUNAL : PAGE 100
DÉCISION DE LA COUR D'APPEL : PAGE 108

56. Les mauvaises pièces

Harold travaillait pour une ligne aérienne et avait l'autorisation de commander des pièces mécaniques. Il a commandé des pièces qui ne convenaient pas à un avion, mais qui fonctionnaient sur sa propre voiture. D'autres employés possèdent aussi le même modèle de voiture qu'Harold. Harold est accusé de détournement de pièces automobiles.

Harold est-il coupable ?

DÉCISION DU TRIBUNAL : PAGE 102
DÉCISION DE LA COUR D'APPEL : PAGE 110

57. Les lames de scie à métaux

Gérald est en prison. Sa petite amie très fidèle, Denise, lui a rendu visite. Elle avait hâte qu'il soit libre et, pour l'aider à s'échapper, elle lui a remis en cachette quatre lames de scie à métaux. Un gardien diligent a vu Denise remettre les lames à Gérald et, après une fouille, a saisi les lames. Gérald est accusé de tentative d'évasion.

Gérald est-il coupable ?

DÉCISION DU TRIBUNAL : PAGE 104
DÉCISION DE LA COUR D'APPEL : PAGE 109

58. Avec diligence

Pierre a abandonné sa femme et ses enfants. Cette dernière occupe deux emplois et reçoit l'aide de sa famille et de sa paroisse. La mère et les enfants vivent dans de bonnes conditions. Pierre ne leur donne pas d'argent. Il est accusé de non-paiement de pension alimentaire. Pour obtenir gain de cause, la poursuite doit prouver que les enfants étaient « dans le besoin » à l'époque concernée.

Pierre est-il coupable ?

DÉCISION DU TRIBUNAL : PAGE 101
DÉCISION DE LA COUR D'APPEL : PAGE 111

59. Transport d'arme à feu

Suzanne voulait apporter son revolver avec elle à New York. Elle possède un permis de port d'arme de la ville de New York. Elle s'est cependant présentée à l'aéroport de Chicago, aux États-Unis, trop tard pour enregistrer la valise qui contenait son arme. On lui a dit de se rendre à la porte d'embarquement avec sa valise. Quand elle a passé le dispositif de sécurité, une alarme a retenti et on a découvert son revolver.

Suzanne est-elle coupable de tentative de monter à bord d'un avion avec une arme à feu ?

DÉCISION DU TRIBUNAL : PAGE 103
DÉCISION DE LA COUR D'APPEL : PAGE 112

60. Rira bien qui rira le dernier

Maurice est allé à la banque en état d'ébriété. Il a dit à la caissière : « J'ai un calibre 38 dans ma poche et je veux tout votre argent. » La caissière a déclenché une alarme silencieuse. Lorsqu'elle a tendu l'argent à Maurice, il lui a dit qu'il ne faisait que blaguer. Il est sorti de la banque les mains vides et s'est fait arrêter.

Maurice est-il coupable de tentative de cambriolage ?

DÉCISION DU TRIBUNAL : PAGE 105
DÉCISION DE LA COUR D'APPEL : PAGE 114

61. Choisissez bien votre arme

Alexandre a cambriolé un magasin avec une arme qui ressemblait à un pistolet semi-automatique de calibre 45, mais qui fonctionnait au moyen d'un ressort. Alexandre est accusé d'avoir utilisé une arme à feu pour commettre un délit. Toutefois, le terme « arme à feu » n'est pas défini dans la loi. Alexandre prétend donc que le terme « arme à feu » ne s'applique qu'aux armes qui tirent des projectiles à l'aide de poudre à fusil.

Alexandre est-il coupable ?

DÉCISION DU TRIBUNAL : PAGE 100
DÉCISION DE LA COUR D'APPEL : PAGE 113

62. Alcootest

Réjean a tué un cycliste alors qu'il conduisait son camion. Il n'y a pas de preuve montrant qu'il avait une conduite dangereuse. Toutefois, des analyses sanguines ont indiqué que son taux d'alcoolémie s'élevait à 0,16 %. Selon la loi du moment, un taux supérieur à 0,10 % constitue une preuve d'ébriété, alors qu'une absence de preuve indique le contraire.

Réjean peut-il être déclaré coupable de négligence criminelle ayant causé la mort ?

DÉCISION DU TRIBUNAL : PAGE 102
DÉCISION DE LA COUR D'APPEL : PAGE 115

63. Vilain farceur

Maxime fait souvent des blagues de mauvais goût. Un jour, il a plié la base d'un panneau d'arrêt à une intersection. Carl, qui approchait en voiture, n'a pas vu de panneau d'arrêt et s'est donc engagé dans l'intersection. Il est entré en collision avec la voiture de Christiane. Cette dernière est morte des suites de l'accident. Maxime est accusé d'homicide involontaire.

Maxime est-il coupable ?

DÉCISION DU TRIBUNAL : PAGE 104
DÉCISION DE LA COUR D'APPEL : PAGE 116

64. La belle vie !

Une compagnie d'assurances a versé à une veuve l'indemnité prévue relativement à la mort de son mari. Toutefois, la compagnie n'aurait pas dû verser cet argent, car la police d'assurance vie n'était plus en vigueur pour non-paiement des primes.

La veuve peut-elle garder l'argent ?

DÉCISION DU TRIBUNAL : PAGE 101
DÉCISION DE LA COUR D'APPEL : PAGE 118

65. L'otage décédée

Étienne et Thomas ont pris Caroline en otage alors qu'ils tentaient de s'échapper après un vol à main armée. La police est arrivée sur les lieux et, durant un échange de coups de feu entre les criminels et les policiers, une balle tirée par les policiers a tué Caroline. Étienne et Thomas sont accusés d'homicide. Les accusés prétendent qu'ils ne peuvent pas être tenus responsables du décès de Caroline, car ce sont les policiers qui ont causé sa mort.

Étienne et Thomas sont-ils coupables d'homicide ?

DÉCISION DU TRIBUNAL : PAGE 103
DÉCISION DE LA COUR D'APPEL : PAGE 117

66. Lucien qui ?

Lucien n'a jamais payé ses contraventions. Il y avait plusieurs mandats émis contre lui. Un jour, les policiers ont vu la voiture de Lucien garée devant la maison de Charlotte. Lorsque les policiers ont frappé à la porte et ont demandé à parler à Lucien, Charlotte a affirmé ne connaître aucun Lucien. Résolus, les policiers ont regardé par les fenêtres et ont vu Lucien qui se cachait dans le sous-sol. Ils l'ont arrêté. Charlotte est accusée d'avoir menti et nui au travail des policiers.

Charlotte est-elle coupable ?

DÉCISION DU TRIBUNAL : PAGE 105
DÉCISION DE LA COUR D'APPEL : PAGE 119

En vertu de la loi sur la « simulation criminelle », c'est un crime de fabriquer ou de modifier un objet dans le but de lui donner une apparence d'antiquité, de rareté et d'authenticité qu'il n'a pas en réalité.

67. Production à grande échelle

Adrien a vendu à Bernard une montre luxueuse portant une marque réputée. Adrien a dit qu'il s'agissait d'une véritable montre à 17 rubis alors que c'était faux. Adrien est accusé de « simulation criminelle ».

Adrien est-il coupable de ce crime ?

DÉCISION DU TRIBUNAL : PAGE 100
DÉCISION DE LA COUR D'APPEL : PAGE 120

68. Vitesse de croisière

Loïc parcourt de longues distances pour son travail. Il aime bien utiliser le régulateur de vitesse automatique de sa voiture. Un jour, même s'il avait ajusté le régulateur à la vitesse permise, il a reçu une contravention pour avoir dépassé la limite de vitesse. Devant le tribunal, il a démontré que son régulateur avait mal fonctionné ce jour-là.

Loïc est-il coupable d'excès de vitesse ?

DÉCISION DU TRIBUNAL : PAGE 102
DÉCISION DE LA COUR D'APPEL : PAGE 122

69. La période réglementaire

Daniel est policier. Un jour, il a décidé de garder pour lui un manteau qu'il savait avoir été volé. Treize mois plus tard, il a été accusé de mauvaise conduite au travail. Il ne fait aucun doute que le port du manteau volé constitue un cas de mauvaise conduite au travail. Cependant, une poursuite doit être entreprise moins de 12 mois après l'infraction présumée pour être valide. La poursuite soutient que l'infraction que représente le port du manteau volé par Daniel a été commise quotidiennement pendant les 13 mois écoulés et que la limite de 12 mois ne s'applique donc pas. La défense affirme pour sa part que la poursuite a entrepris ses démarches trop tard.

Daniel est-il coupable ?

DÉCISION DU TRIBUNAL : PAGE 104
DÉCISION DE LA COUR D'APPEL : PAGE 124

70. Meurtre sur commande

Anne et Cédric sont des compétiteurs féroces en affaires. N'arrivant pas à éliminer un concurrent honnêtement, ils ont décidé de le faire assassiner. Anne s'est envolée pour New York et y a rencontré un agent d'infiltration. Elle lui a offert 2 500 $ pour assassiner le rival. L'agent a accepté. Anne lui a dit qu'elle lui enverrait par la poste une photo de l'homme en question, un plan de sa résidence ainsi que la somme d'argent promise. Plusieurs jours plus tard, Anne a abandonné son projet.

Anne est-elle coupable de conspiration en vue de commettre un meurtre ?

DÉCISION DU TRIBUNAL : PAGE 101
DÉCISION DE LA COUR D'APPEL : PAGE 121

71. Fouille illégale ?

Émile cultivait de la marijuana sur sa ferme. Des policiers de la brigade des stupéfiants se sont rendus à la ferme en voiture, ont dépassé la maison et se sont butés à une barrière verrouillée affichant un panneau « Défense d'entrer ». Les policiers ont suivi un sentier pour franchir la barrière à pied et ont découvert un champ de marijuana à environ un mille de la maison du suspect. Les policiers n'avaient pas sur eux de mandat de perquisition. Émile est accusé de cultiver de la marijuana, mais il conteste l'accusation en disant que la fouille était illégale.

La preuve est-elle admissible ?

DÉCISION DU TRIBUNAL : PAGE 103
DÉCISION DE LA COUR D'APPEL : PAGE 123

72. Un cas de mauvaise représentation

Léonard était accusé d'une fraude postale fort complexe. Son avocat s'est désisté juste avant le début du procès. La cour a alors remplacé ce dernier par un jeune avocat spécialisé en droit immobilier sans expérience de procès avec jury. En outre, l'avocat n'a eu que 25 jours pour se préparer alors que la poursuite avait eu quatre ans et demi pour étudier la cause. Léonard a été déclaré coupable. Il fait appel en soutenant que son avocat était jeune, inexpérimenté et n'avait pas eu suffisamment de temps pour se préparer étant donné la complexité de la cause.

Léonard obtiendra-t-il une réponse positive en cour d'appel?

DÉCISION DU TRIBUNAL : PAGE 105
DÉCISION DE LA COUR D'APPEL : PAGE 125

73. L'erreur de l'avocat

Olivier est accusé d'un acte criminel. La loi établit la sanction pour ce délit à 10 ans de prison. L'avocat d'Olivier lui a dit qu'il serait éligible à une libération conditionnelle après trois ans. Fort de cette information, Olivier a plaidé coupable. Cependant, l'avocat s'est trompé et Olivier n'est éligible à une libération conditionnelle qu'après sept ans. Sous le choc, Olivier veut modifier son plaidoyer et réclame un nouveau procès.

Olivier a-t-il droit à un nouveau procès ?

DÉCISION DU TRIBUNAL : PAGE 100
DÉCISION DE LA COUR D'APPEL : PAGE 108

74. L'accompagnateur

Marcel est l'imprésario d'un chanteur populaire. Il a cru que Gilles avait accepté d'accompagner son chanteur lors d'un concert prochain. Il a donc fait imprimer des affiches et des programmes indiquant que Gilles serait le pianiste-accompagnateur. Cependant, Gilles n'avait pas accepté l'offre et a raté une autre occasion de travailler, les gens croyant qu'il n'était pas disponible à cause des affiches.

Gilles peut-il obtenir des dommages et intérêts relativement à la fausse information sur les affiches ?

DÉCISION DU TRIBUNAL : PAGE 102
DÉCISION DE LA COUR D'APPEL : PAGE 110

75. Assurances illégales

Diane était une enfant de deux ans. Sa tante Philomène (la veuve d'un frère de la mère de Diane) a souscrit une assurance sur la vie de l'enfant en se nommant elle-même comme bénéficiaire. La compagnie d'assurances n'aurait pas dû émettre cette police, car Philomène n'avait aucun « intérêt assurable » dans la vie de l'enfant (le lien de parenté entre Diane et Philomène n'était pas suffisamment étroit). Philomène a tué l'enfant afin de réclamer l'indemnité. Le père de Diane poursuit alors la compagnie d'assurances pour avoir fait preuve de négligence en vendant une police d'assurance à Philomène.

Le père de Diane gagnera-t-il sa cause ?

DÉCISION DU TRIBUNAL : PAGE 104
DÉCISION DE LA COUR D'APPEL : PAGE 109

76. Basse pression

Pendant des travaux de construction, Albert a percé par négligence une conduite d'eau principale, ce qui a réduit la pression d'eau générale. La ville a mis beaucoup de temps à réparer la conduite. À un moment où le problème aurait dû être réglé, un incendie s'est déclaré dans la maison de Paul. La maison a complètement brûlé à cause de la faible pression d'eau.

Paul peut-il poursuivre Albert et obtenir gain de cause ?

DÉCISION DU TRIBUNAL : PAGE 101
DÉCISION DE LA COUR D'APPEL : PAGE 111

En vertu d'une loi criminelle, toute personne commet un parjure si, lorsqu'elle témoigne dans une cause judiciaire, elle procure de fausses informations en toute connaissance de cause dans le but d'induire en erreur.

77. Faux témoignage

Vincent a menti à la Cour dans le but d'induire en erreur. Le tribunal n'a pas tenu compte de son témoignage dans son verdict. Vincent est accusé de parjure.

Vincent est-il coupable ?

DÉCISION DU TRIBUNAL : PAGE 103
DÉCISION DE LA COUR D'APPEL : PAGE 112

78. Une mère distraite

Marie est une mère distraite. Elle n'a pas bien surveillé Simon, son fils de quatre ans. Simon a couru entre les voitures garées dans l'aire de stationnement et il s'est fait frapper par la voiture de Gustave. La cour a nommé un tuteur pour s'occuper de l'enfant. Le tuteur poursuit Marie et Gustave pour négligence.

Marie est-elle responsable des dommages pour avoir fait preuve de négligence dans la supervision de l'enfant ?

DÉCISION DU TRIBUNAL : PAGE 105
DÉCISION DE LA COUR D'APPEL : PAGE 114

79. Un cheval maltraité

Nicole accuse Réginald de cruauté envers un cheval, y compris de l'avoir battu et de l'avoir blessé à un œil. Pour sa part, Réginald accuse Nicole de diffamation. Durant le procès, Nicole a pu démontrer que Réginald a fait preuve de cruauté envers l'animal, mais pas que le cheval a eu un œil blessé.

Réginald peut-il obtenir des dommages pour diffamation ?

DÉCISION DU TRIBUNAL : PAGE 100
DÉCISION DE LA COUR D'APPEL : PAGE 113

80. L'or des fous

Denis est un homme au grand cœur, mais il est un peu sot. Un diseur de bonne aventure lui a prédit qu'il trouverait un chaudron rempli d'or sur sa propriété. Édouard, un farceur, a enterré un chaudron vide chez Denis et l'a « découvert » en sa présence. Denis a pris le chaudron, l'a emporté à sa succursale bancaire et l'a ouvert devant un auditoire moqueur. Denis a subi une souffrance morale et une grande humiliation.

Denis peut-il réclamer des dommages à Édouard ?

DÉCISION DU TRIBUNAL : PAGE 102
DÉCISION DE LA COUR D'APPEL : PAGE 115

La constitution américaine garantit la liberté d'expression et la liberté de la presse. Toutefois, elle garantit aussi le droit de tout individu d'être à l'abri des attaques visant à ternir sa réputation. Que se passe-t-il lorsque lesdites libertés entrent en conflit ?

81. À la une

Steve était un commissaire élu de la ville de Montgomery, en Alabama, aux États-Unis. L'une de ses fonctions était de superviser le service de police. Lowell, un membre du clergé de race noire, a fait paraître une publicité dans le *New York Times* dans laquelle il accusait Steve de persécution envers les activistes des droits civiques en Alabama. La publicité contenait plusieurs faits inexacts et Steve a poursuivi Lowell pour diffamation. Le journal avait publié l'annonce sans vérifier les faits, se fiant à la bonne réputation de Lowell.

Steve a-t-il gagné sa cause ?

DÉCISION DU TRIBUNAL : PAGE 104
DÉCISION DE LA COUR D'APPEL : PAGE 116

82. Publicité négative

Mélanie était une riche femme de la haute société mariée à Jean-Luc. Mélanie a demandé le divorce. Les procédures de divorce ont été mouvementées et très publicisées. Chacune des parties a présenté des preuves de l'adultère de l'autre, mais le juge en a rejeté la majorité. Le magazine *Les heures* a publié des informations erronées dans sa chronique « Points de repère ». On y indiquait que le divorce avait été accordé pour cause d'extrême cruauté et d'infidélité… Le procès, d'une durée de 17 mois, a permis d'entendre suffisamment de témoignages de l'infidélité des deux parties « pour que Freud se retourne dans sa tombe », a dit le juge. Mélanie poursuit le magazine, lequel prétend que Mélanie est une personnalité publique et qu'il ne peut y avoir diffamation en l'absence de preuve d'une intention malicieuse.

Mélanie devrait-elle gagner sa poursuite en diffamation ?

DÉCISION DU TRIBUNAL : PAGE 101
DÉCISION DE LA COUR D'APPEL : PAGE 118

En vertu de la loi, une personne qui révèle des aspects de la vie privée d'un individu, qu'on peut raisonnablement considérer comme offensants, peut être reconnue coupable d'atteinte à la vie privée.

83. Atteinte à la vie privée

Victor dépense beaucoup. Il dépasse toujours la limite de ses cartes de crédit. La compagnie de l'une de ses cartes de crédit a transmis son dossier à une agence de recouvrement. Cette agence emploie des méthodes énergiques. L'agence a téléphoné aux membres de la famille de Victor. Elle a écrit à son employeur. Bien que le personnel de l'agence n'ait pas été insultant, il a parlé des dettes de Victor aux personnes contactées.

Victor peut-il réclamer des dommages pour atteinte à sa vie privée?

DÉCISION DU TRIBUNAL : PAGE 103
DÉCISION DE LA COUR D'APPEL : PAGE 117

Une police d'assurance vie qui indemnise une mort due à des causes externes, violentes et accidentelles est applicable si la cause du décès est accidentelle et indépendante de toutes autres causes. Bien qu'il ne soit pas toujours facile de déterminer si une personne est décédée de causes externes, violentes et accidentelles, il est essentiel de le faire pour obtenir les indemnités prévues par bon nombre de polices d'assurance vie.

84. Un déplacement mortel

Roland était un alcoolique invétéré. À sa première journée à l'hôpital, il a eu des convulsions alors qu'il se rendait à la salle de bain. Il s'est frappé la tête et est mort. Il n'y avait aucun membre du personnel de l'hôpital avec lui.

Alain est-il décédé de causes externes, violentes et accidentelles ?

DÉCISION DU TRIBUNAL : PAGE 105
DÉCISION DE LA COUR D'APPEL : PAGE 119

85. Transfusion sanguine

Dolorès, une jeune célibataire de 22 ans, a été gravement blessée dans un accident de la route. Elle était inconsciente à son arrivée à l'hôpital et avait un besoin urgent d'une transfusion de sang. Dolorès et ses parents étaient des témoins de Jéhovah. Les parents n'ont pas consenti à la transfusion. La direction de l'hôpital demande à un juge la permission d'effectuer la transfusion sanguine.

Le juge peut-il autoriser la transfusion sanguine ?

DÉCISION DU TRIBUNAL : PAGE 100
DÉCISION DE LA COUR D'APPEL : PAGE 120

86. Au jeu !

Renée est une joueuse de tennis. Elle a d'abord joué professionnellement en tant qu'homme mais, après un changement de sexe, elle a commencé à jouer chez les femmes. Elle se classait bien au tennis féminin. Renée voulait participer en tant que femme au US Open. Les organisateurs du tournoi ont institué un test chromosomique. Bien que Renée ait dorénavant toutes les caractéristiques d'une femme, sauf la capacité d'avoir des enfants, il lui était impossible de réussir ce test. Renée affirme que le test chromosomique brime ses droits civiques et qu'on devrait la reconnaître comme une femme. Renée a déposé une injonction contre les organisateurs du tournoi.

Renée doit-elle être admise au tournoi ?

DÉCISION DU TRIBUNAL : PAGE 102
DÉCISION DE LA COUR D'APPEL : PAGE 122

87. Un cas de foi

Hervé a fait une demande d'admission à une université. Avant de l'admettre, l'université a exigé qu'il reçoive un vaccin. Hervé a refusé. L'université lui a remis un formulaire d'exemption au vaccin pour des motifs religieux. Ledit formulaire exigeait une preuve que la personne était membre de l'église de la Science chrétienne. Hervé ne faisait pas partie de cette église. Il a toutefois demandé une exemption au vaccin pour des motifs religieux. L'université a refusé la demande d'admission d'Hervé sous prétexte qu'il ne voulait pas recevoir le vaccin. Hervé poursuit l'université.

Hervé devrait-il être admis à l'université ?

DÉCISION DU TRIBUNAL : PAGE 104
DÉCISION DE LA COUR D'APPEL : PAGE 124

88. Cuisine maison

Cynthia est accusée d'avoir tué son mari en l'empoisonnant à l'arsenic. Il n'y a aucune preuve directe contre elle. Cynthia, son mari et leurs trois fils vivaient ensemble dans la même maison. Cynthia préparait les repas et faisait le thé pour toute la famille. La poursuite cherche à prouver qu'après la mort du mari, deux des fils sont aussi morts empoisonnés à l'arsenic et que le troisième a été très malade.

La poursuite peut-elle faire admettre comme preuve la mort des deux fils ?

DÉCISION DU TRIBUNAL : PAGE 101
DÉCISION DE LA COUR D'APPEL : PAGE 121

89. Réduction de coûts

En raison du nombre croissant de réclamations pour erreurs médicales, on a adopté une loi qui limite le montant octroyé en cour à 500 000 $US. Céline, une fillette de quatre ans, a été gravement blessée à cause de la négligence de son médecin. Le tuteur de Céline poursuit le médecin pour 2 000 000 $, alléguant que la loi qui limite les dommages est invalide.

La loi est-elle valide ?

DÉCISION DU TRIBUNAL : PAGE 103
DÉCISION DE LA COUR D'APPEL : PAGE 123

90. De bonnes et de moins bonnes nouvelles

La Compagnie d'assurances générales a embauché le Dr Tremblay pour examiner Dominique, venu souscrire une assurance. Dominique avait grandement besoin d'assurances, mais il était aussi très malade. Dominique a comploté avec le médecin pour qu'il remette un rapport médical falsifié, et il a ainsi pu souscrire l'assurance. Dominique est mort peu après et la compagnie a versé l'indemnité prévue à ses bénéficiaires. La compagnie d'assurances a découvert la fraude et elle poursuit le Dr Tremblay et son assureur pour la négligence professionnelle et les autres erreurs de son client.

La Compagnie d'assurances générales peut-elle récupérer les fonds auprès de l'assureur du Dr Tremblay ?

DÉCISION DU TRIBUNAL : PAGE 105
DÉCISION DE LA COUR D'APPEL : PAGE 125

DÉCISIONS DU TRIBUNAL

1. **La femme et le coureur de jupons**
   Le coureur de jupons est coupable de voies de fait.

7. **Le poignard ou le scalpel ?**
   Louis est coupable de meurtre.

13. **La victime belliqueuse**
    L'élément de preuve est admissible.

19. **De mauvaises références**
    L'élément de preuve est admissible.

25. **Possession d'arme à feu**
    Danielle peut être accusée et trouvée coupable des deux infractions.

31. **Épilation douteuse**
    Sarah perd sa cause.

37. **Mise en garde : Produit inflammable !**
    Laurent gagne sa cause.

43. **Pour un meurtre, appuyez sur M**
    La conversation téléphonique n'est pas privée au sens de la loi.

49. **Une mémoire sélective**
    La preuve est suffisante pour déclarer Martin coupable.

55. **L'enlèvement de la fille de Jasmine**
    Michel n'est pas coupable.

61. **Choisissez bien votre arme**
    Alexandre n'est pas coupable.

67. **Production à grande échelle**
    Adrien n'est pas coupable.

73. **L'erreur de l'avocat**
    Olivier a droit à un nouveau procès.

79. **Un cheval maltraité**
    Réginald ne peut pas obtenir de dommages pour diffamation.

85. **Transfusion sanguine**
    Le juge peut autoriser la transfusion sanguine.

4. **Un panier de crabes**
   Les Bourgeois ne gagnent pas leur cause.

10. **L'autre femme**
    Marcel n'a pas à témoigner de ses relations avec l'autre femme.

16. **Coup de poignard et double chute**
    Monique est coupable.

22. **L'employeur en colère**
    L'élément de preuve est admissible.

28. **Une mise à niveau coûteuse**
    Charles ne peut réclamer que 25 000 $ à Mario.

34. **Mesures injustifiées ?**
    Marcus est déclaré coupable.

40. **Un sac scellé**
    Jean est coupable.

46. **Présomption d'innocence**
    L'énoncé ne suffit pas à justifier l'annulation du procès.

52. **Voies de fait au marché du coin**
    Alice gagne sa cause.

58. **Avec diligence**
    Pierre n'est pas coupable.

64. **La belle vie !**
    La veuve ne peut pas garder l'argent.

70. **Meurtre sur commande**
    Anne est coupable de conspiration en vue de commettre un meurtre.

76. **Basse pression**
    Paul peut poursuivre Albert et avoir gain de cause.

82. **Publicité négative**
    Mélanie devrait gagner sa poursuite en diffamation.

88. **Cuisine maison**
    La poursuite ne peut pas faire admettre comme preuve la mort des deux fils.

2. **Une figue est une figue**
   Paul est coupable de voies de fait.

8. **Prendre les choses en main**
   Denis est coupable.

14. **Le plancher glissant**
    La défense ne peut pas utiliser cette preuve.

20. **Une voleuse à la tire bredouille**
    Caroline est coupable.

26. **Vol à main armée**
    Léon peut être jugé et condamné pour les deux crimes.

32. **L'avocat épuisé**
    L'appel de Rose est admissible.

38. **Voici un Lagent, monsieur l'agent**
    Charles ne peut pas se faire rembourser.

44. **Un voleur à rabais ?**
    Sébastien est coupable d'avoir volé pour plus de 200 $.

50. **En toute confiance**
    La banque ne peut pas gagner.

56. **Les mauvaises pièces**
    Harold n'est pas coupable.

62. **Alcootest**
    Réjean ne peut pas être déclaré coupable de négligence criminelle ayant causé la mort.

68. **Vitesse de croisière**
    Loïc est coupable d'excès de vitesse.

74. **L'accompagnateur**
    Gilles peut obtenir des dommages et intérêts relativement à la fausse information sur les affiches.

80. **L'or des fous**
    Denis peut recevoir une compensation d'Édouard pour les traumatismes subis.

86. **Au jeu !**
    Renée devrait pouvoir participer au tournoi.

5. Beaucoup d'appelés, mais peu d'élus
La succession de Timothée perd sa cause.

11. La vérité toute nue ?
Les policiers n'ont en aucune façon violé le privilège contre l'auto-incrimination d'Émile.

17. Tentative de séduction ?
Le juge n'a pas annulé le procès.

23. C'est son mari qui l'a fait
Le témoignage est admissible.

29. Mauvaise communication
Alain doit payer la facture malgré l'erreur.

35. Le pacte de suicide
Albert n'est pas coupable.

41. Permis d'alcool
Le permis d'alcool du propriétaire de la taverne peut être révoqué.

47. Double dose de cyanure
L'empoisonnement de l'ex-femme constitue une preuve admissible.

53. La police de la police
Le service de police est coupable de négligence.

59. Transport d'arme à feu
Suzanne est coupable de tentative de monter à bord d'un avion avec une arme à feu.

65. L'otage décédée
Ils sont coupables d'homicide.

71. Fouille illégale ?
La preuve est admissible.

77. Faux témoignage
Vincent n'est pas coupable de parjure.

83. Atteinte à la vie privée
Victor peut réclamer des dommages pour atteinte à sa vie privée.

89. Réduction de coûts
La loi est valide.

3. Un feu de paille
Henri gagne sa cause.

9. Correspondance
Ces lettres ne constituent pas des preuves admissibles en cour.

15. Des photos scandaleuses
Les photos constituent des preuves admissibles.

21. Fuite facile
Les éléments de preuve sont admissibles.

27. Délai raisonnable
Roxanne ne peut pas être jugée de nouveau pour le même délit.

33. Négligence envers un enfant ?
Isabelle est coupable de négligence envers un enfant.

39. En devoir ou non ?
Roger est coupable.

45. Feu roulant
Le témoin peut témoigner en cour de ce que Linda lui a dit.

51. Trompe-l'œil
Jean-Pierre est coupable de vol qualifié.

57. Des lames de scie à métaux
Gérald est coupable.

63. Vilain farceur
Maxime n'est pas coupable.

69. La période réglementaire
Daniel est coupable.

75. Assurances illégales
Le père de Diane devrait gagner sa cause.

81. À la une
Steve gagne sa cause.

87. Un cas de foi
Hervé devrait être admis à l'université.

6. **Mon Dieu!**
La conversation ne constitue pas une preuve admissible en cour.

12. **Cruauté mentale**
Nathalie peut avancer comme preuve que l'ex-femme de son mari a divorcé d'avec lui pour cause de cruauté mentale.

18. **Hasard heureux en troisième place**
L'élément de preuve est admissible.

24. **Arrêtez l'autobus!**
Le témoignage est admissible.

30. **Vol ou fraude?**
Élizabeth est coupable de vol.

36. **Maraude ambulancière**
Fernand n'est pas coupable.

42. **Le voleur volé?**
Il n'y a pas lieu de retirer l'accusation.

48. **La fin justifie-t-elle les moyens?**
La confession de Jacob est admissible.

54. **Un travail à finir**
Ils sont coupables.

60. **Rira bien qui rira le dernier**
Maurice est coupable de tentative de cambriolage.

66. **Lucien qui?**
Charlotte est coupable.

72. **Un cas de mauvaise représentation**
Louis obtient une réponse positive en cour d'appel.

78. **Une mère distraite**
Marie est responsable des dommages pour avoir fait preuve de négligence dans la supervision de l'enfant.

84. **Un déplacement mortel**
Roland est décédé de causes externes, violentes et accidentelles.

90. **De bonnes et de moins bonnes nouvelles**
La Compagnie d'assurances générales ne peut pas récupérer les fonds auprès de l'assureur du Dr Tremblay.

DÉCISIONS DE LA COUR D'APPEL

1. La femme et le coureur de jupons

Le coureur de jupons n'est pas coupable de voies de fait, car il n'y a eu ni acte manifeste, ni menace, ni proposition, ni tentative de blessure. Le coureur de jupons ne peut pas être déclaré coupable sur la base de ce qu'il a pu penser.

> *State of North Carolina versus Ingram*, jugement établi par la Cour suprême de la Caroline du Nord (États-Unis), en février 1953, et prononcé par le juge Armstrong.
> *Citation juridique formelle : 74 S.E. (2d) 532*

19. De mauvaises références

L'élément de preuve est admissible, car les plaintes témoignent du fait qu'Olivier et son contremaître étaient au courant de l'incompétence de Fernand.

> *Borderland Coal Co. versus Kerns*, jugement établi par la Cour d'appel du Kentucky (États-Unis), en juin 1915, et prononcé par le juge Hurt.
> *Citation juridique formelle : 177 S.W. 266*

37. Mise en garde : Produit inflammable !

Laurent gagne sa cause, car la mise en garde fournie sur le produit n'était pas suffisamment explicite.

> *Lambert versus Lastoplex Chemicals Co. Ltd.*, jugement établi par un panel de cinq juges de la Cour suprême du Canada, en février 1953, et prononcé par le juge Laskin.
> *Citation juridique formelle : 25 D.L.R. (3d) 121 (Canada)*

55. L'enlèvement de la fille de Jasmine

Michel est déclaré non coupable. La poursuite n'a pas pu avancer la conspiration en vue d'un enlèvement, qui va à l'encontre de l'objectif de la loi, soit d'éviter que des parents soient accusés de l'enlèvement de leur propre enfant.

> *Lythgoe versus the State of Alaska*, jugement établi par la Cour suprême de l'Alaska (États-Unis), en novembre 1980, et prononcé par le juge Boochever.
> *Citation juridique formelle : 626 P. (2d) 1082*

73. L'erreur de l'avocat

Olivier a droit à un nouveau procès, car il a fondé son plaidoyer sur les conseils erronés de son avocat. Olivier devrait avoir le droit de changer son plaidoyer.

> *O'Tuel versus Osborne, Attorney General of North Carolina*, jugement établi par un panel de trois juges de la Cour d'appel des États-Unis, quatrième circuit, en février 1983, et prononcé par le juge Sprouse.
> *Citation juridique formelle : 706 F. (2d) 498*

3. Un feu de paille
Henri perd sa cause, car les dommages n'étaient pas raisonnablement prévisibles et ont trop peu de rapport avec l'incident pour justifier un dédommagement.
> *Bradford versus Kanellos*, jugement établi par un panel de trois juges de la Cour d'appel de l'Ontario (Canada), en décembre 1970, et prononcé par le juge Schroeder.
> *Citation juridique formelle : [1971] 2 O.R. 393 (Canada)*

21. Fuite facile
Les éléments de preuve sont admissibles. Des preuves de fuite sont en général admissibles pour démontrer la culpabilité, mais pas nécessairement la culpabilité du crime jugé.
> *State of New Mexico versus Nelson*, jugement établi par un panel de cinq juges de la Cour suprême du Nouveau-Mexique (États-Unis), en mars 1959, et prononcé par le juge Compton.
> *Citation juridique formelle : 65 N.M. 403*

39. En devoir ou non ?
Roger est coupable, car la municipalité et la communauté tiraient toutes deux profit du travail du policier. Que le policier ait été en devoir ou non importe peu.
> *State of New Jersey versus De Santo*, jugement établi par un panel de trois juges de la Cour supérieure du New Jersey (États-Unis), en décembre 1979, et prononcé par le juge Milmed.
> *Citation juridique formelle : 410 A. (2d) 704*

57. Des lames de scie à métaux
Gérald n'est pas coupable, car il n'a pas mis son plan à exécution. Le fait de recevoir des lames consiste en une simple étape de préparation.
> *Smith versus the State of Georgia*, jugement établi par un panel de trois juges de la Cour d'appel de Georgie (États-Unis), en octobre 1980, et prononcé par le juge en chef Deen.
> *Citation juridique formelle : 275 S.E. (2d) 689*

75. Assurances illégales
Le père de Diane devrait gagner sa cause, car la compagnie d'assurance a créé une situation telle qu'elle aurait pu inciter « un pourcentage notable de l'humanité à commettre un meurtre ».
> *Liberty National Life Insurance Co. versus Weldon*, jugement établi par un panel de cinq juges de la Cour suprême de l'Alabama (États-Unis), en novembre 1957, prononcé par le juge Lawson avec le dissentiment du juge Coleman.
> *Citation juridique formelle : 100 So. (2d) 696*

2. Une figue est une figue
Paul est coupable de voies de fait, car il a causé une blessure. Une voie de fait n'implique pas toujours l'application directe d'une force.

Commonwealth (State of Massachusetts) versus Stratton, jugement établi par un panel de la Cour d'appel, en novembre 1873, et prononcé par le juge Wells.
Citation juridique formelle : 19 Am. Rep. 350

20. Une voleuse à la tire bredouille
Caroline est coupable. Le fait que le vol n'ait pas réussi ne constitue pas une défense à une accusation de tentative de vol.

R. versus Scott, jugement établi par un panel de trois juges de la Cour suprême de l'Alberta (Canada), division d'appel, en novembre 1963, et prononcé par le juge MacDonald.
Citation juridique formelle : [1964] 2 C.C.C. 257 (Canada)

38. Voici un Lagent, monsieur l'agent
Charles ne peut pas se faire rembourser, car la durée des contrats de vente n'est pas illimitée. Trop de temps s'est écoulé entre la vente et la découverte du délit.

Leaf versus International Galleries, jugement établi par un panel de trois juges de la division du King's Bench (Angleterre), en février 1950, et prononcé par le juge Denning.
Citation juridique formelle : [1950] 2 K.B. 86 (U.K.)

56. Les mauvaises pièces de rechange
Harold n'est pas coupable, car la poursuite n'a pas réussi à prouver ce qu'il est advenu des pièces après leur livraison. Le fait que la compagnie n'ait rien à faire de ces pièces ne peut pas justifier un verdict de culpabilité.

State of New Jersey versus Barbossa, jugement établi par un panel de trois juges de la Cour supérieure du New Jersey (États-Unis), division d'appel, en décembre 1976, et prononcé par le panel avec le dissentiment du juge Seidman.
Citation juridique formelle : 384 A. (2d) 523

74. L'accompagnateur
Gilles ne peut pas recevoir de dommages et intérêts parce que l'information placée sur l'affiche ne contenait aucun élément à caractère diffamatoire (c'est-à-dire aucune atteinte à la réputation). En outre, le texte n'a pas été publié dans l'intention de faire du tort.

Shapiro versus La Morta, jugement établi par la division du King's Bench (Angleterre), en octobre 1923, et prononcé par le juge Lush.
Citation juridique formelle : 40 T.L.R. 39 (U.K.)

4. Un panier de crabes
Les Bourgeois gagnent leur appel, car Simon aurait dû prévoir les conséquences de ses actes sur les Bourgeois.

> *Blakely versus Shortal*, jugement établi par un panel de juges de la Cour suprême de l'Iowa (États-Unis), en octobre 1945, et prononcé par le juge Mantz.
> *Citation juridique formelle : 20 N.W. (2d) 28*

22. L'employeur en colère
L'élément de preuve n'est pas admissible. En règle générale, les mesures prises après un incident ne sont pas admissibles comme preuves.

> *Turner versus Hearst*, jugement établi par un panel de trois juges de la Cour suprême de la Californie (États-Unis), en décembre 1896, et prononcé par le juge Henshaw.
> *Citation juridique formelle : 47 P. 129*

40. Un sac scellé
Jean est non coupable, car ses actes ne suffisent pas à considérer qu'il a commis le délit.

> *Unites States versus Joyce*, jugement établi par la Cour d'appel des États-Unis, huitième circuit, en décembre 1982.
> *Citation juridique formelle : 32 Cr. L. 2262*

58. Avec diligence
Pierre est coupable, car l'expression « dans le besoin » doit être interprétée selon l'intention de la loi de tenir les conjoints responsables de subvenir aux besoins de leurs enfants.

> *State of Kansas versus Knetzer*, jugement établi par un panel de trois juges de la Cour d'appel du Kansas (États-Unis), en septembre 1979, et prononcé par le juge Abbott.
> *Citation juridique formelle : 600 P. (2d) 160*

76. Basse pression
Paul peut poursuivre Albert et avoir gain de cause, car c'est la négligence d'Albert qui a provoqué le problème de basse pression d'eau. Le temps qu'a mis la ville à résoudre le problème n'atténue pas la responsabilité d'Albert.

> *Gilbert versus New Mexico Construction*, jugement établi par un panel de cinq juges de la Cour suprême du Nouveau-Mexique (États-Unis), en février 1935, et prononcé par le juge Watson, avec le dissentiment des juges Hudspeth et Beckley.
> *Citation juridique formelle : 44 P. (2d) 489*

5. Beaucoup d'appelés, mais peu d'élus
La succession de Timothée perd sa cause, car la common law ne prévoit pas d'obligation de sauvetage.

Osterlind versus Hill, jugement établi par un panel de juges de la Cour suprême judiciaire du Massachusetts (États-Unis), en mars 1928, et prononcé par le juge Braley.
Citation juridique formelle : 160 N.E. 301

23. C'est son mari qui l'a fait
Le témoignage n'est pas admissible, car c'est un cas classique de ouï-dire.

Shepard versus United States of America, jugement établi par la Cour suprême des États-Unis, en octobre 1933, et prononcé par le juge Cardozo.
Citation juridique formelle : 290 U.S. 96

41. Permis d'alcool
Le permis d'alcool du propriétaire de la taverne peut être révoqué, car le propriétaire du bar n'était pas une des parties dans les négociations du plaidoyer et de l'entente survenue.

Northeast Motor Company, Inc. versus North Carolina State Board of Alcohol Control, jugement établi par un panel de trois juges de la Cour d'appel de la Caroline du Nord (États-Unis), en mars 1978, et prononcé par le juge Martin.
Citation juridique formelle : 241 S.E. (2d) 727

59. Transport d'arme à feu
Suzanne est coupable de tentative de monter à bord d'un avion avec une arme à feu, car le fait de passer le dispositif de sécurité est considéré comme une tentative d'embarquer dans l'avion. Le permis de port d'arme n'a pas d'incidence sur l'accusation d'avoir tenté de monter à bord avec une arme à feu.

The People of the State of Illinois versus Hysner, jugement établi par un panel de trois juges de la Cour d'appel de l'Illinois, premier district, cinquième division (États-Unis), en mars 1978, et prononcé par le juge Mejda.
Citation juridique formelle : 374 N.E. (2d) 799

77. Faux témoignage
Vincent est coupable de parjure, car il n'importe pas que la cour ait été induite en erreur ou non. Seule l'intention d'induire en erreur est prise en compte.

Regina versus Regnier, jugement établi par un panel de trois juges de la Cour d'appel de l'Ontario (Canada), en février 1955, et prononcé par le juge Pickup, juge en chef de l'Ontario.
Citation juridique formelle : 21 C.R. 374 (Canada)

7. Le poignard ou le scalpel ?
Louis n'est pas coupable de meurtre, car la mort n'a pas été causée par le coup de poignard.

> *R. versus Jordan*, jugement établi par un panel de trois juges de la Cour d'appel en matières criminelles, en août 1956, et prononcé par le juge Hallett.
>
> *Citation juridique formelle : 40 Cr. App. R. 152 (England)*

25. Possession d'arme à feu
Danielle ne peut pas être accusée et trouvée coupable des deux infractions, qui sont en fait similaires. Il serait injuste que certains faits conduisent à une condamnation pour les deux crimes.

> *United States versus Girst*, jugement établi par la Cour d'appel des États-Unis, circuit du District de Columbia, en décembre 1979, et prononcé par le juge MacKinnon.
>
> *Citation juridique formelle : F. (2d) 1014*

43. Pour un meurtre, appuyez sur M
La conversation téléphonique n'est pas privée au sens de la loi, car il n'y avait aucune intention de confidentialité apparente, en particulier puisque François savait que la police serait avisée.

> *State of South Dakota versus Martin*, jugement établi par un panel de deux juges de la Cour suprême du Dakota du Sud (États-Unis), en novembre 1978, et prononcé par le juge Miller.
>
> *Citation juridique formelle : 274 N.W. (2d) 893*

61. Choisissez bien votre arme
Alexandre est déclaré coupable, car l'une des intentions de la loi est de protéger l'individu contre la crainte de subir des blessures. Il faut donner au terme « arme à feu » le sens le plus large possible.

> *Holloman versus The Commonwealth of Virginia*, jugement établi par un panel de sept juges de la Cour suprême de Virginie (États-Unis), en août 1980.
>
> *Citation juridique formelle : 269 S.E. (2d) 356*

79. Un cheval maltraité
Réginald a droit à une indemnité au regard de l'accusation de diffamation, car l'accusation d'avoir blessé l'œil du cheval implique une cruauté plus grande que celle associée au fait de battre un animal. Comme Nicole ne peut pas prouver que Réginald a posé cet acte, elle est coupable de diffamation.

> *Weaver versus Lloyd*, jugement établi par la Cour du King's Bench (Angleterre), en mai 1824.
>
> *Citation juridique formelle : 107 ER 535 (England)*

6. Mon Dieu !
La prière est admissible comme preuve, car la Cour a déterminé qu'au regard de cette loi, on ne doit pas considérer Dieu comme une personne.
>R. versus Davie, jugement établi par la Cour de comté de la Colombie-Britannique (Canada), en mai 1979, et prononcé par le juge Lander.
>Citation juridique formelle : 9 C.R. (3d) 275 (Canada)

24. Arrêtez l'autobus !
Le témoignage est admissible, car les déclarations faites dans le feu de l'action sont habituellement admissibles.
>Schwam versus Reece et al., jugement établi par la Cour suprême de l'Arkansas (États-Unis), en mai 1948, et prononcé par le juge Millwee.
>Citation juridique formelle : 210 S.W. 903

42. Le voleur volé ?
Il y a lieu de retirer l'accusation, car les pièces à conviction contre Alfred ont disparu.
>Howard versus the State of Nevada, jugement établi par un panel de cinq juges de la Cour suprême du Nevada (États-Unis), en septembre 1979, et prononcé par le juge Young.
>Citation juridique formelle : 600 P. (2d) 214

60. Rira bien qui rira le dernier
Maurice n'est pas coupable de tentative de cambriolage, car les preuves montrent autant l'absence d'intention criminelle que l'abandon d'intention criminelle.
>Regina versus Mathe, jugement établi par la Cour d'appel de la Colombie-Britannique (Canada), en avril 1973, et prononcé par le juge Maclean.
>Citation juridique formelle : [1973] 4 W.W.R. 483 (Canada)

78. Une mère distraite
D'un point de vue juridique, Marie n'est pas responsable d'avoir fait preuve de négligence dans la supervision de Simon, car un parent ne peut être tenu responsable d'une supervision inadéquate de son enfant.
>Holodook versus Spencer, jugement établi par la Cour suprême de Columbia County, New York (États-Unis), en janvier 1973, et prononcé par le juge A. Franklin Mahoney.
>Citation juridique formelle : 340 N.Y.S. (2d) 311

8. Prendre les choses en main
Denis est coupable, car le coup de feu aurait suffi à causer la mort ?
State of California versus Lewis, jugement établi par un panel de trois juges de la Cour suprême de Californie (États-Unis), en mai 1899, et prononcé par le juge Temple.
Citation juridique formelle : 57 Pac. 470

26. Vol à main armée
Léon ne peut pas être jugé et condamné pour les deux crimes, parce que les mêmes faits serviraient à prouver les deux crimes. Les faits ne peuvent soutenir qu'une seule condamnation.
United States versus Hearst, jugement établi par un panel de trois juges de la Cour d'appel des États-Unis, neuvième circuit, en mars 1980, et rendu par le juge titulaire Choy.
Citation juridique formelle : 638 F. (2d) 1190 (California)

44. Un voleur à rabais
Sébastien n'est pas coupable d'avoir volé pour plus de 200 $, car les preuves concernant la valeur des biens volés sont des ouï-dire. Il aurait fallu appeler un témoin connaissant la véritable valeur des complets.
Lee versus State of Arkansas, jugement établi par un panel de trois juges de la Cour suprême de l'Arkansas, division 1 (États-Unis), en octobre 1978.
Citation juridique formelle : 571 S.W. (2d) 603

62. Alcootest
Réjean ne peut pas être condamné pour négligence ayant causé la mort parce que le taux d'alcoolémie sanguin permet uniquement de présumer qu'il y a eu intoxication. Cet élément de preuve est insuffisant pour prouver qu'il y a eu négligence criminelle
State of Louisina versus Williams, jugement établi par un panel de quatre juges de la Cour suprême de la Louisiane (États-Unis), en octobre 1977, et prononcé par le juge Marcus avec le dissentement du juge Dennis.
Citation juridique formelle : 354 So. (2d) 152

80. L'or des fous
Denis peut recevoir une compensation d'Édouard, car Édouard a prémédité et mis en œuvre sa blague. Il en est résulté une atteinte à l'estime de soi de Denis.
Nickerson et al. versus Hodges et al., jugement établi par un panel de trois juges de la Cour suprême de Louisiane (États-Unis), en février 1920, et prononcé par le juge Dawkins, avec le dissentiment des juges Sommerville et O'Neill.
Citation juridique formelle : 84 So. 37

9. Correspondance

Ces lettres sont admissibles en cour, car il ne s'agit pas de ouï-dire, mais plutôt de preuves de l'état psychologique de l'accusé.

> *Sollars versus State of Nevada*, jugement établi par la Cour suprême du Nevada (États-Unis), en 1957.
> *Citation juridique formelle : 316 P. (2d) 917*

27. Délai raisonnable

Roxanne ne peut pas être jugée de nouveau pour le même délit, car la loi *Non bis in idem* selon laquelle une personne ne peut être jugée ou condamnée deux fois pour la même infraction s'applique au cas où on met trop de temps à porter la cause devant les tribunaux.

> *State of Indiana versus Roberts*, jugement établi par un panel de trois juges de la Cour d'appel de l'Indiana (États-Unis), en décembre 1976, et prononcé par le juge en chef Robertson.
> *Citation juridique formelle : 358 N.E. (2d) 181*

45. Feu roulant

Le témoin peut rapporter à la Cour ce que Linda a dit, car il s'agit d'une confession spontanée, faite en réaction à un incident inattendu sans que la personne ait eu l'occasion de réfléchir ou de d'inventer les faits.

> *State of North Carolina versus Johnson*, jugement établi par la Cour suprême de la Caroline du Nord (États-Unis), en janvier 1978, et prononcé par le juge Copeland.
> *Citation juridique formelle : 239 S.E. (2d) 806*

63. Vilain farceur

Maxime est coupable, car il aurait dû anticiper les risques d'accidents ou de blessures. Son comportement est très éloigné du bon sens qu'on peut raisonnablement attendre d'une personne normale.

> *State of Utah versus Hallett and Felsch*, jugement établi par un panel de quatre juges de la Cour suprême de l'Utah (États-Unis), en octobre 1980, et prononcé par le juge Crockett.
> *Citation juridique formelle : 619 P. (2d) 335*

81. À la une

Steve n'a pas gain de cause, car la critique des fonctionnaires dans le cadre de leur travail est sanctionnée par la constitution américaine, à moins que lesdites critiques soient fondées sur de faux éléments ou motivées par la méchanceté. Dans cette cause, il n'y a aucune preuve de méchanceté et Steve ne peut pas porter d'accusation pour diffamation.

> *New York Times Company versus Sullivan*, jugement établi par un panel de six juges de la Cour suprême des États-Unis, en janvier 1964, et prononcé par le juge Brennan.
> *Citation juridique formelle : 376. U.S. 254*

11. La vérité toute nue
Les policiers n'ont d'aucune façon violé le privilège contre l'auto-incrimination d'Émile.
> *Schmerber versus State of California*, jugement établi par un panel de neuf juges de la Cour suprême des États-Unis, en avril 1966, et prononcé par le juge Brennan selon l'opinion de cinq juges, avec le dissentiment des juges Warren, Black, Douglas et Fortas.
> Citation juridique formelle : 384 U.S. 757

29. Mauvaise communication
Alain doit payer la facture malgré l'erreur, car il a obtenu les services stipulés dans le contrat. Le malentendu ne l'exonère pas de son obligation de payer.
> *Upton-on-Severn Rural District Council versus Powell*, jugement établi par un panel de trois juges de la Cour d'appel (Angleterre), en janvier 1942, et prononcé par Lord Greene.
> Citation juridique formelle : [1942] 1 All E.R. 220 (England)

47. Double dose de cyanure
L'empoisonnement antérieur n'est pas admissible, car il n'y a aucun lien démontré entre Jules et l'empoisonnement de sa première femme.
> *Noor Mohamed versus The King*, jugement établi par un panel de cinq juges du Comité judiciaire du Conseil privé (Royaume-Uni), en novembre 1949, et prononcé par lord Uthwatt.
> Citation juridique formelle : [1949] A.C. 182 (U.K.)

65. L'otage décédée
Étienne et Thomas sont coupables du meurtre, car la victime ne serait pas morte s'ils n'avaient pas commis le cambriolage.
> *Jackson and Wells versus The State of Maryland*, jugement établi par un panel de sept juges de la Cour d'appel du Maryland (États-Unis), en décembre 1979, et prononcé par le juge Orth.
> Citation juridique formelle : 408 A. (2d) 711

83. Atteinte à la vie privée
Victor ne peut pas réclamer de dommages pour atteinte à la vie privée, car il n'y a eu aucune « publicité » dans ce cas. Seuls les membres de sa famille et son employeur ont été contactés, et un si petit nombre de personnes ne satisfait pas au critère de « publicité ».
> *Vogel Jr. and Smith versus W.T. Grant Company*, jugement établi par un panel de deux juges de la Cour suprême de la Pennsylvanie (États-Unis), en octobre 1974, et prononcé par le juge Manderino.
> Citation juridique formelle : 327 A. (2d) 133

10. L'autre femme
Marcel doit témoigner de ses relations avec « l'autre femme » parce qu'il cherche à obtenir un jugement en sa faveur. Il doit par conséquent se soumettre à un contre-interrogatoire.

Nuckols versus Nuckols, jugement établi par un panel de trois juges de la Cour d'appel de la Floride (États-Unis), en septembre 1966, et prononcé par le juge Lopez.

Citation juridique formelle : 189 So. (2d) 832

28. Une mise à niveau coûteuse
Charles peut réclamer 100 000 $ à Mario, car il est en droit de récupérer un terrain nivelé, même si le coût de la remise en état est beaucoup plus élevé que la valeur réelle du terrain.

Groves versus Wunder, jugement établi par un panel de deux juges de la Cour suprême du Minnesota (États-Unis), en avril 1939, et prononcé par le juge Stone.

Citation juridique formelle : 286 N.W. 235

46. Présomption d'innocence
Cet énoncé ne suffit pas à faire annuler le procès, car il s'agit d'une simple explication aux jurés de leur droit de déclarer l'accusé coupable.

The People of the State of Illinois versus Mathews, jugement établi par un panel de trois juges de la Cour d'appel de l'Illinois, troisième district (États-Unis), en février 1979, et prononcé par le juge Stengel.

Citation juridique formelle : 387 N.E. (2d) 10

64. La belle vie !
La veuve ne peut pas garder l'argent, car les sommes versées en raison d'une erreur de faits sont habituellement récupérables.

Kelly versus Solari, jugement établi par la Cour des comptes (Royaume-Uni), en novembre 1841.

Citation juridique formelle : 152 E.R. 24 (U.K.)

82. Publicité négative
Mélanie devrait gagner sa poursuite pour diffamation, car elle n'est pas une personnalité publique. Elle ne joue pas un rôle de premier plan au sein de la société ni ne s'est ingérée dans une controverse dans le but d'en influencer le dénouement.

Time, Inc. versus Firestone, jugement établi par un panel de quatre juges la Cour suprême des États-Unis, en octobre 1975, et prononcé par les juges Powell, Brennan, White et Marshall.

Citation juridique formelle : 424 U.S. 448

12. Cruauté mentale
Nathalie ne peut pas se servir de cette preuve. Le mauvais caractère de l'autre partie n'est en général pas un élément de preuve admissible.

    Bosworth versus Bosworth, jugement établi par la Cour suprême du Connecticut (États-Unis), en novembre 1944, et prononcé par le juge Dickinson.
    Citation juridique formelle : 40 A. (2d) 186

30. Vol ou fraude ?
Élizabeth n'est pas coupable de vol, car il y avait un contrat de vente. Elle est donc coupable de fraude et non pas de vol.

    Regina versus Dawood, jugement établi par un panel de trois juges de la Cour suprême de l'Alberta, division des appels (Canada), en septembre 1975, et prononcé par le juge McDermid, avec le dissentiment du juge Clement.
    Citation juridique formelle : [1976] 1 W.W.R. 262 (Canada)

48. La fin justifie-t-elle les moyens ?
La confession de Jacob est admissible, car on a utilisé la force pour découvrir où il cachait la fille kidnappée et non pas dans le but d'obtenir un aveu.

    Leon versus State of Florida, jugement établi par un panel de juges de la Cour d'appel de la Floride, troisième district (États-Unis), en février 1982, avec le dissentiment du juge Ferguson.
    Citation juridique formelle : 31 Cr. L. 2038

66. Lucien qui ?
Charlotte n'est pas coupable, car sa réponse n'a pas nui au travail des policiers.

    The State of Ohio versus Stephens, jugement établi par un panel de trois juges de la Cour d'appel de l'Ohio, comté d'Hamilton (États-Unis), en juillet 1978.
    Citation juridique formelle : 387 N.E. (2d) 252

84. Un déplacement mortel
Roland est décédé de causes externes, violentes et accidentelles au sens de la police d'assurance, car sa chute est la première cause de décès. La chute a correctement été qualifiée d'accident.

    Moran versus Massachusetts Mutual Life Insurance Co., jugement établi par un panel de trois juges de la Cour suprême, première division d'appel (États-Unis), en juin 1941.
    Citation juridique formelle : 29 N.Y.S. (2d) 33

13. La victime belliqueuse
L'élément de preuve est admissible, car des antécédents de comportement violent chez la victime sont généralement admissibles.

Freeman versus State of Mississippi, jugement établi par un panel de quatre juges de la Cour suprême du Mississippi (États-Unis), en décembre 1967.
Citation juridique formelle : 204 So. (2d) 842

31. Épilation douteuse
Sarah a gain de cause, car la publicité constitue une offre. Sarah ayant accepté l'offre, cela constitue un contrat.

Goldthorpe versus Logan, jugement établi par un panel de trois juges de la Cour d'appel de l'Ontario (Canada), en mars 1943, et prononcé par le juge Laidlaw.
Citation juridique formelle : [1943] O.W.N. 215 (Canada)

49. Une mémoire sélective
La preuve est suffisante pour déclarer Martin coupable du crime, même si l'identification s'est faite à l'extérieur de la cour. Le jury pourrait déclarer Martin coupable hors de tout doute raisonnable.

Bedford versus State of Maryland, jugement établi par un panel de sept juges de la Cour d'appel du Maryland (États-Unis), en mars 1982, avec le dissentiment de trois juges.
Citation juridique formelle : 31 Cr. L. 2056

67. Production à grande échelle
Adrien n'est pas coupable du crime, car le libellé de la loi ne s'applique pas aux produits modernes usinés à des fins commerciales, notamment les montres de marque.

The People of the State of New York versus James, jugement établi par la Cour régionale du comté de Nassau, premier district (États-Unis), en octobre 1974, et prononcé par le juge Ralph Diamond.
Citation juridique formelle : 361 N.Y.S. (2d) 255

85. Transfusion sanguine
Le juge peut autoriser la transfusion, car l'État favorise la conservation de la vie. La direction de l'hôpital devrait pouvoir opposer son jugement médical au refus des parents.

John F. Kennedy Memorial Hospital versus Heston and Heston, jugement établi par un panel de six juges de la Cour suprême du New Jersey (États-Unis), en février 1971, et prononcé par le juge Weintraub.
Citation juridique formelle : 279 A. (2d) 670

16. Coup de poignard et double chute

Monique est coupable, car la blessure causée par le coup de poignard a contribué au décès de la victime.

> *R. versus Smith*, jugement établi par la Cour d'appel de la Cour martiale (Angleterre), en mars 1959, et prononcé par le lord juge en chef Streatfield.
> *Citation juridique formelle : 43 Cr. App. R. 121 (England)*

34. Mesures injustifiées ?

Marcus est déclaré coupable. Les policiers ne se sont pas appuyés sur le mandat d'arrestation pour arrêter l'accusé. La ruse utilisée n'a pas violé les droits constitutionnels de l'accusé.

> *State of Washington versus Myers*, jugement établi par la Cour d'appel de l'État de Washington (États-Unis), en août 1983.
> *Citation juridique formelle : 33 Cr. L. 2505*

52. Voies de fait au marché du coin

Alice gagne sa poursuite, car c'est la responsabilité du propriétaire du magasin d'assurer le bien-être et la sécurité de sa clientèle.

> *Butler versus Acme Markets Inc.*, jugement établi par la Cour suprême du New Jersey (États-Unis), en mai 1982.
> *Citation juridique formelle : 31 Cr. L. 2222*

70. Meurtre sur commande

Anne est coupable de conspiration en vue de commettre un meurtre, car son déplacement et ses discussions avec le policier constituent des actes contribuant à mettre en œuvre le plan de faire tuer son rival.

> *Blaylock versus the State of Oklahoma*, jugement établi par un panel de trois juges de la Cour d'appel criminelle de l'Oklahoma (États-Unis), en juillet 1979, et prononcé par le juge Bussey.
> *Citation juridique formelle : 598 P. (2d) 251*

88. Cuisine maison

La poursuite peut soumettre la mort des deux fils comme preuve, car Cynthia a préparé la nourriture et elle est la seule à ne pas subir un empoisonnement à l'arsenic.

> *Regina versus Geering*, jugement établi par un panel de trois juges d'une Cour du Royaume-Uni, en août 1849.
> *Citation juridique formelle : 18 L.J. MC. 215 (U.K.)*

14. Le plancher glissant
La défense peut utiliser cette preuve, car cette dernière concerne une période et démontre la sécurité que représente depuis longtemps le magasin.
>*Erickson versus Walgreen Drug Co. et al.*, jugement établi par un panel de trois juges de la Cour suprême de l'Utah (États-Unis), en juin 1951, et prononcé par le juge Wolfe.
>Citation juridique formelle : *232 P (2d) 210*

32. L'avocat épuisé
L'appel de Rose est admissible, car un avocat somnolent est l'équivalent d'un avocat absent. Il n'y a pas lieu de démontrer le préjudice subi.
>*Javor versus United States*, jugement établi par un panel de juges de la Cour d'appel des États-Unis, neuvième circuit, en janvier 1984, avec le dissentiment du juge Anderson.
>Citation juridique formelle : *34 Cr. L. 2375*

50. En toute confiance
La banque a gain de cause, car le cabinet de comptables est redevable à toute personne qui peut raisonnablement s'appuyer sur les états financiers qu'il prépare.
>*Haig versus Bamford*, jugement établi par un panel de neuf juges de la Cour suprême du Canada, en avril 1976.
>Citation juridique formelle : *[1977] 1 S.C.R. 466 (Canada)*

68. Vitesse de croisière
Loïc est coupable d'excès de vitesse, car même s'il a délégué en partie le contrôle de son automobile à un régulateur de vitesse, il demeure l'agent responsable de l'excès de vitesse.
>*State of Kansas versus Baker*, jugement établi par un panel de trois juges de la Cour d'appel du Kansas (États-Unis), en août 1977, et prononcé par le juge Spencer.
>Citation juridique formelle : *571 P. (2d) 65*

86. Au jeu !
Renée devrait pouvoir participer au tournoi, car le test de chromosomes est injuste, discriminatoire et inéquitable. Il n'examine qu'un aspect pour déterminer le sexe de la personne sans tenir compte d'autres facteurs.
>*Richards versus United States Tennis Association,*
>*U.S. Open Tennis Championship Committee and Women's Tennis Association, Inc.*, jugement établi par la Cour suprême du comté de New York, cas spéciaux/première partie (États-Unis), en août 1977, et prononcé par le juge Alfred Ascione.
>Citation juridique formelle : *400 N.Y.S. 2d 267*

17. Tentative de séduction ?

La Cour a ordonné l'annulation du procès, car il est inapproprié que les membres du jury fraternisent avec l'une ou l'autre des parties du procès.

Scott versus Tubbs, jugement établi par un panel de trois juges de la Cour suprême du Colorado (États-Unis), en avril 1908, et prononcé par le juge Steele.

Citation juridique formelle : 95 P. 540

35. Le pacte de suicide

Albert n'est pas coupable, car il s'agit d'une double tentative de suicide. Au pire, il pourrait être déclaré coupable d'avoir aidé quelqu'un à se suicider.

Forden versus Joseph G., jugement établi par la Cour suprême de la Californie (États-Unis), en août 1983.

Citation juridique formelle : 33 Cr. L. 2511

53. La police de la police

Le service de police est coupable de négligence, car on pouvait raisonnablement prévoir qu'un policier non en mesure de posséder une arme à feu s'en servirait contre sa famille.

Bonsignore versus City of New York, jugement établi par la Cour d'appel des États-Unis, deuxième circuit, en juin 1982.

Citation juridique formelle : 31 Cr. L. 2294

71. Fouille illégale ?

La preuve est admissible, car les fouilles effectuées sur des champs non clôturés ne violent pas les droits raisonnables à la vie privée.

United States of America versus Oliver, jugement établi par un panel de cinq juges de la Cour d'appel des États-Unis, sixième circuit, en février 1982, et prononcé par le juge Bailey Brown, avec le dissentiment des juges Keith, Edwards Jr., Lively et Jones.

Citation juridique formelle : 686 F. (2d) 356

89. Réduction de coûts

La loi ne s'applique pas, car elle est fait arbitrairement une discrimination contre les victimes les plus graves d'erreurs médicales.

Wright versus Central du Page Hospital Association, jugement établi par un panel de trois juges de la Cour suprême de l'Illinois (États-Unis), en mai 1976, et prononcé par le juge Goldenhersh, avec le dissentiment partiel des juges Underwood et Ryan.

Citation juridique formelle : 347 N.E. (2d) 736

15. Des photos scandaleuses
Les photos sont admissibles, car des preuves directes de blessures sont généralement admissibles en cour, indépendamment de leur effet sur le jury.

> *People of the State of California versus Kemp*, jugement établi par un panel de juges de la Cour suprême de la Californie (États-Unis), en janvier 1974, avec le dissentiment du juge McComb.
> *Citation juridique formelle : 517 P. (2d) 826*

33. Négligence envers un enfant ?
Isabelle n'est pas coupable de négligence envers un enfant, car sa résidence ne présentait aucun signe de danger connu ou prévisible laissant présager un risque important et injustifiable.

> *State of Oregon versus Goff*, jugement établi par un panel de juges de la Cour d'appel de l'Oregon (États-Unis), en janvier 1984, avec le dissentiment de trois juges.
> *Citation juridique formelle : 34 Cr. L. 2409*

51. Trompe-l'œil
Jean-Pierre n'est pas coupable de vol du premier degré, car le libellé de la loi exige de prouver la possession d'une arme afin de condamner une personne pour ce délit.

> *State of New Jersey versus Butler*, jugement établi par un panel de juges de la Cour suprême du New Jersey (États-Unis), en mai 1982, avec le dissentiment de deux juges.
> *Citation juridique formelle : 31 Cr. L. 2220*

69. La période réglementaire
Daniel n'est pas coupable, car le crime a été commis lorsque Daniel a décidé de garder le manteau. La simple possession du manteau ne constitue pas un crime continu.

> *Duncan versus the State of Maryland*, jugement établi par un panel de deux juges de la Cour d'appel du Maryland (États-Unis), en avril 1978, et prononcé par le juge Orth avec l'assentiment du juge Murphy.
> *Citation juridique formelle : 384 A. (2d) 456*

87. Un cas de foi
Hervé devrait être admis à l'université, car l'université n'exige pas la vaccination pour les membres de l'église de la Science chrétienne. Le refus d'admettre Hervé revient à montrer une préférence pour certaines religions au détriment d'autres.

Kolbeck versus Kramer and Rutgers, The State University, jugement établi par un panel de sept juges de la Cour suprême du New Jersey (États-Unis), en octobre 1965.
Citation juridique formelle : 214 A. (2d) 408

18. Hasard heureux en troisième place
L'élément de preuve est admissible, car il peut servir à démontrer que l'endroit était un salon de preneurs de paris. Il violerait la règle du ouï-dire seulement s'il visait à prouver que l'appelant a bien prononcé ces mots.
  State of Connecticut versus Tolisano, jugement établi par un panel de cinq juges de la Cour suprême des délits du Connecticut (États-Unis), en novembre 1949, et prononcé par le juge Jennings.
  Citation juridique formelle : 70 A. (2d) 118

36. Maraude ambulancière
Fernand n'est pas coupable, car la loi est trop floue ; par exemple, elle empêcherait un ami qui est aussi avocat de conseiller une victime.
  People of the State of Michigan versus Posner, jugement établi par la Cour d'appel du Michigan (États-Unis), en octobre 1977, et prononcé par le juge Kaufman.
  Citation juridique formelle : 261 N.W. (2d) 209

54. Un travail à finir
Ils ne sont pas coupables, car ils ne sont pas entrés dans le magasin. Au pire, ils pourraient être condamnés pour tentative d'introduction par effraction.
  Stamps versus Commonwealth of Kentucky, jugement établi par un panel de six juges de la Cour suprême du Kentucky (États-Unis), en juillet 1980.
  Citation juridique formelle : 602 S.W. (2d) 172

72. Un cas de mauvaise représentation
Léonard ne gagne pas son appel, car il doit prouver toute erreur commise dans la gestion de la cause pour obtenir une annulation.
  United States of America versus Cronic, jugement établi par un panel de deux juges de la Cour suprême des États-Unis, en janvier 1984, et prononcé par le juge Stevens.
  Citation juridique formelle : 104 Sct. 2039

90. De bonnes et de moins bonnes nouvelles
La Compagnie d'assurances générales ne peut pas récupérer les fonds auprès de l'assureur du Dr Tremblay, car la réclamation de la compagnie contre son propre employé constitue une poursuite pour bris de contrat ou pour fraude plutôt que pour négligence professionnelle.
  McFarling versus Azar, jugement établi par un panel de trois juges de la Cour d'appel des États-Unis, cinquième circuit, en septembre 1975, et prononcé par le juge Golbold.
  Citation juridique formelle : 519 F. (2d) 1075 (Fla)

RÈGLES DU JEU

Ce livre peut constituer un jeu pour deux joueurs et plus. Les règles du jeu sont simples :

Le joueur A lit les faits d'une cause et prédit la décision rendue par le tribunal. S'il a raison, le joueur A obtient un point. Les autres joueurs peuvent en appeler de cette décision.

Toutefois, il en coûte quelque chose d'aller en appel : le joueur doit verser trois points. (Dans le jeu comme dans la vie, la justice a un prix.)

Si le joueur ou les joueurs qui vont en appel ne prédisent pas correctement la décision de la cour d'appel, ils perdent leurs trois points. En revanche, s'ils la prédisent correctement, chacun obtient quatre points tandis que le joueur A en perd deux.

Si le joueur A ne prédit pas correctement la décision du tribunal, il perd un point. Cependant, il a le droit d'aller en appel, mais pour ce faire il doit débourser trois points.

Si le joueur A ne prédit pas correctement la décision de la cour d'appel, il perd ses quatre points. S'il la prédit correctement, il obtient cinq points. En d'autres mots, le joueur qui fait erreur dans la décision du tribunal, mais qui gagne en appel, s'enrichit d'un point.

Voici en résumé les résultats que le joueur A peut obtenir après une cause :

- il obtient un point s'il prédit correctement la décision du tribunal et que sa décision n'est pas contestée — ou que sa décision est confirmée en appel;
- il perd un point s'il prédit correctement la décision du tribunal, mais que son jugement est renversé en appel;
- il perd un point s'il ne prédit pas correctement la décision du tribunal et choisit de ne pas aller en appel;
- il perd quatre points s'il ne prédit pas correctement la décision du tribunal et qu'il perd en appel.

Voici les résultats possibles pour un joueur qui décide d'aller en appel alors que le joueur A a prédit correctement la décision du tribunal :

- il obtient un point s'il gagne l'appel.
- il perd trois points s'il perd l'appel.

Les joueurs lisent une cause à tour de rôle. Le jeu se termine lorsqu'un joueur a 10 points. Le pointage peut être négatif et, fait non étonnant, cela arrive souvent jusqu'à ce que les joueurs reconnaissent le véritable coût des poursuites judiciaires.

INDEX

Accusation de cruauté 86
Agression sur les lieux 59
Aliénation mentale 16
Annulation du procès 24, 53
Arme à feu
　crime 33, 68
　possession 32
　tentative de monter l'arme à bord d'un avion 66
Arme à ressort 68
Atteinte à la vie privée 90
Atteinte aux droits civiques 93
Auto-incrimination 18
Avocat
　erreur 80
　sans expérience 39, 79

Blague de mauvais goût 70, 87

Communication privée 13
Compagnie d'assurances
　négligence 82
　versement d'indemnité 71
Confession 55
Conversation d'ordre privé 50

Défaut de mise en garde et manque de sécurité sur les lieux 59
Dernier aveu de la défunte 52
Détournement de pièces automobiles 63
Diffamation 29, 86, 88, 89
Divorce 17, 19
Dommages
　diffamation 86
　négligence dans la supervision de l'enfant 85
　souffrance morale et humiliation 87

Enlèvement 62
Exemption au vaccin pour des motifs religieux 94

Facture, poste d'incendie 36
Faux tableau 45

Fouille illégale 78
Fraude 37, 97

Homicide 72
Homicide involontaire 70

Inexécution de contrat 38
Introduction par effraction 61

Jury 24

Légitime défense 20
Lit de mort 30

Maraude ambulancière 43
Mauvaise conduite au travail 76
Méconnaissance de l'accusé 57
Mensonge aux policiers et empêchement à leur travail 73
Meurtre 14, 15, 16, 23, 28, 30, 42, 50, 52, 54, 72, 95
Meurtre
　conspiration en vue de commettre un meurtre 77
Mort accidentelle 91

Négligence 26, 44
　cabinet de comptables 57
　compagnie d'assurances 82
　service de police 60
　supervision de l'enfant 85
　travaux de construction 83
Négligence criminelle 40
　mort 69
Négligence envers un enfant 40
Négligence médicale 96
Non-paiement de pension alimentaire 65
Nouveau procès 34

Ouï-dire 25, 26, 31

Pacte de suicide 42
Parjure 84
Perquisition illégale 41, 78

Perte de pièces à conviction 49
Plaidoyer de culpabilité 80
Possession d'arme à feu 32
Possession d'héroïne 41
Possession de cocaïne 47
Poste à l'extérieur du territoire 36
Poursuite pour dommages 10, 11, 12, 21, 81
Présumé innocent 53
Preuve admissible d'empoisonnement préalable 54
Preuve admissible d'empoisonnement ultérieur 95
Preuves admissibles 22
Procès dans un délai raisonnable 34

Réclamations pour erreurs médicales 96, 97
Révocation du permis d'alcool 48

Service d'alcool à un mineur 48
Simulation criminelle 74
Soudoyer le policier 28

Tentative d'évasion 64
Terrain, coût de mise à niveau 35
Transfusion sanguine 92

Vitesse 75
Voie de fait 8, 9
　policier 46
Vol 27, 37, 49, 51, 58
Vol
　à main armée 33, 58
　tentative de cambriolage 67